최소한의 경제학

최소한의 경제학

황종휴 지음

율곡출판사

| 들어가는 글 |

각종 고등고시를 준비하는 학생들을 대상으로 경제학과 국제경제학을 강의한 시간이 벌써 20년을 훌쩍 넘었다. 필자가 경제학과에 입학하여 경제학을 처음 접했던 그 당시의 당혹감은 아직도 생생하다. 일상생활에서는 거의 사용하지 않는 생소한 표현들을 비롯해, 계속하여 등장하는 수학적인 접근들이 쉽지만은 않았다. 이러한 기억은 필자가 강단에서 강의를 시작하게 되었을 때, 학생들이 겪고 있을 비슷한 심정을 이해하는 데 큰 도움을 주었고, 학생들이 최대한 쉽게 경제학을 학습할 수 있도록 교수법을 모색하는 데 밑거름이 되었다.

언젠가는 고등고시를 준비하는 수험생이 아닌 사람들을 위한 쉬운 경제학 책을 만들어보고 싶었다. 그 희망이 오랜 시간이 지나서야 이 한 권의 책으로 세상에 나오게 되었다는 것이 새삼스럽기만 하다. 이 책은 고등고시를 위한 수험서가 아니다. 중고등학생들이 경제와 관련된 뉴스를 보다 수월하게 이해할 수 있도록 도와주고 싶고, 대학생이나 일반인들이 경제학이 무엇인지를 이해하는 데 도움을 주고 싶어서 만든 책이다. 물론, 수학능력시험이나 법학전문대학원 입학시험에 등장하는 경제와 관련된 글을 보다 수월하게 읽을 수 있도록 도움을 줄 수도 있을 것이다.

이 책이 다루는 주제는 총 38개이다. 그중에서 16개의 주제가 미시경제학microeconomics, 15개의 주제가 거시경제학macroeconomics, 그리고 7개의 주제는 국제경제학international economics과 관련된 내용이다. 경제학은 이와 같이 크게 3개의 분야로 구분된다.

　　미시경제학은 우리의 일상에서 끊임없이 등장하는 선택을 다루는 분야이다. 즉, 우리가 어떤 선택을 하는 것이 합리적인 선택인지를 공부하는 분야이다. 예를 들어 오늘 내가 마트에 가서 무엇을 살지, 아니면 이것을 살지 말지를 선택할 때 어떤 선택을 하는 것이 합리적인 것인지에 대해 공부하는 분야가 미시경제학이다. 반면, 거시경제학은 우리와 같은 개인들이 어떤 선택을 하는지가 모여서 만들어내는 커다란 결과물들에 대해 공부하는 분야라고 생각하면 된다. 우리의 선택에 따라 마트에서 어떤 상품이 많이 팔리고 덜 팔리는지가 결정되면, 많이 팔리는 상품을 생산하는 산업은 그 생산량이 늘어나서 일자리도 늘어나는 반면, 생산한 상품이 잘 팔리지 않는 그런 산업은 정반대의 경험을 하게 될 것이다. 이러한 내용을 공부하는 것이 바로 거시경제학이다.

　　미국이 금리를 인상하는지 아니면 인하하는지가 중요한 뉴스로 등장하고 있는데, 미국의 금리가 도대체 왜 우리의 뉴스에 등장하는 것일까? 우리의 삶에 중요한 사건이기 때문이다. 즉, 세계 각국의 경제상황은 서로 연결되어 있어서, 어떤 한 국가의 경제 사건이 다른 경제에도 영향을 준다. 이렇게 국경을 넘나드는 경제적 현상들에 대해 공부하는 분야가 바로 국제경제학이다.

더 많은 주제들을 담아볼까 고민도 했지만, 그러면 이 책의 목적이 흐려질 것이 걱정되어 많은 주제들을 덜어내고 최소한의 주제들만 남겨둔 결과물이 38개의 주제이다. 등장하는 주제 중에는 가볍게 풀어볼 만한 퀴즈가 포함된 경우도 있다. 재미로 풀어보기를 바란다.

이 책의 독자들이 기사를 보거나 책을 보다가 이 책에서 읽었던 내용이 떠오른다면, 그래서 반가움이 느껴진다면, 이 책이 자신의 역할을 절반 정도는 한 것이라고 기대한다.

이 책을 구상하고 집필하는 과정에서 많은 분들의 도움을 받았다. 사회의 각 분야에서 중요한 역할을 담당하고 있는 친구들, 나의 수업을 들었던 서기관, 사무관, 외교관들이 책의 내용이나 방향에 대해 많은 조언을 해주었다. 이들 모두에게 진심으로 감사의 말을 전한다.

2025년
황종휴

| 차례 |

들어가는 글   4

CHAPTER 01 수많은 선택들이 만드는 우리의 일상

1. 다 해보고 싶지만 그럴 수는 없기에   13
2. 효용은 뭐고 편익은 뭐야?   16
3. 기회비용이 뭐야?   19
4. 시장은 왜 생기는 거야?   22
5. 시장경제는 뭐고 계획경제는 뭐야?   26
6. 가격은 왜 이렇게 비싼 거야?   28
7. 어떤 선택이 합리적 선택이야?   35
8. 가격탄력성이 뭐야?   41
9. 필수재는 뭐고 사치재는 뭐야?   47
10. 기업들 사이에 경쟁이 치열하다? 그게 무슨 뜻이야?   51
11. 독점은 왜 규제해야 해?   55
12. 용의자의 딜레마 상황이 뭐야?   62
13. 최저임금을 올리면 좋은 거 아니야?   68
14. 왜 가로등 설치 비용을 부담하려는 사람이 없을까?   72
15. 환경오염은 어떻게 해결해?   75

16. 정보의 비대칭? 83

CHAPTER 02 움직이는 커다란 산 같은 경제

1. 미시경제학은 뭐고 거시경제학은 뭐야? 91
2. 경기변동은 뭐고 경제성장은 뭐야? 93
3. 월급이 늘어나서 행복할 줄 알았어. 월급 빼고 다 오르네? 97
4. 실업률은 알겠는데 고용률은 또 뭐지? 103
5. 내수? 그게 뭐야? 107
6. 내수가 왜 중요해? 110
7. 수출과 수입은 내수랑 뭐가 다른 거야? 116
8. 승수효과가 뭐야? 119
9. 지금 당장 이 불황을 끝내자! 123
10. 재정의 지속 가능성? 그게 뭐야? 126
11. 리카디언 대등 정리가 뭐야? 129
12. 기준금리가 뭐야? 134
13. 필립스곡선이 뭐야? 140
14. 스태그플레이션이 뭐야? 147
15. 뱅크런은 뭐고 예금보험제도는 뭐야? 152

CHAPTER 03 국경을 넘나드는 경제 이야기

1. 왜 무역을 하는 거야?   **165**
2. 관세는 왜 부과하는 거야?   **169**
3. 관세전쟁이 뭐야?   **172**
4. 환율은 왜 자꾸 변해?   **175**
5. 경상수지는 왜 중요해?   **181**
6. 그리스는 재정위기를 왜 겪은 거야?   **185**
7. 글로벌 가치사슬이 뭐야?   **189**

CHAPTER 01

수많은 선택들이 만드는 우리의 일상

1. 다 해보고 싶지만 그럴 수는 없기에

경제학은 여러 사회현상 중의 한 형태인 경제현상economic phenomenon을 분석하는 학문이다. 경제현상은 말 그대로 경제와 관련된 사건들이다. 예를 들어 환율이 상승하는 현상이 목격될 때, 이러한 현상이 발생한 이유가 무엇인지를 설명하기 위한 일련의 탐구와 분석은 경제학의 단면을 보여준다. 그러나 거창하게 환율, 경제성장, 실업 등의 문제가 아니더라도, 당신이 이 책을 구입하기로 결정했다면 왜 이 책을 구입하기로 결정했을까를 생각해 보는 것 역시 경제학의 중요한 주제이다.

읽을 만한 책이 무엇이 있을지 서점을 둘러보다가 이 책을 발견했고, 이 책을 구입하기로 했다면, 당신은 몇 가지 비교를 한 후에 선택을 한 셈이다. "이 책 말고 다른 책들은 뭐 더 없을까, 다른 책들의 가격은 얼마일까"라는 생각을 하면서 말이다. 시간만 된다면, 지갑이 넉넉하다면, 저 책도 읽어보고 이 책도 읽어볼 수 있겠지만 그렇게 하기는 어렵기에 당신은 무언가를 선택해야 한다. 이 책이 다른 책들에 비해 읽을 만하고 가격도 적당하다 싶어서, 다른 책을 읽을 기회를 포기하고, 맛있는 음식과 디저트를 즐기는 데 쓸 수 있는 돈을 이 책의 구입에 사용한 것이다.

해보고 싶은 것들은 많은데, 그것들을 다 할 수는 없으니 우리는 무언가를 선택해야 한다. 이것은 우리 각 개인에게 생기는 고민거리일 뿐만 아니라 국가적으로도 생기는 고민거리이다. 이것을 희소성의 문제라고 한다.

이러한 희소성의 문제the problem of scarcity에 당면한 상황에서 우리는 과연 어떤 선택을 하는 것이 우리가 가장 행복할 수 있는 선택인지를 공부하는 분야가 바로 경제학economics이다.

어떤 사람이 어떤 상품[1]을 소비할 때, 가격이 똑같은 다른 상품들도 있는데 하필이면 그 상품을 소비하기로 선택했다는 것은 그 상품을 소비하는 것이 다른 상품을 소비하는 것에 비해 더 큰 만족을 줄 것이라고 판단했기 때문이다.[2] 여기서의 만족을 경제학에서는 효용utility이라고 한다. 이에 대해서는 뒤에서 함께 이야기해 보자.

어떤 기업이 어떤 상품을 생산하여 판매할 때, 다른 상품을 생산하여

---

[1] 사실 상품이라는 표현보다는 생산물이라는 표현이 정확하다. 우리가 소비하는 대상에는 상품(물건)만 있는 것이 아니라 서비스(사람이 해주는 일)도 있기 때문이다. 그러나 쉬운 이해를 위해 계속 상품 또는 물건이라고 표현하자.

[2] 물론, 막상 소비를 하고 보니까 후회스러운 경험도 있기는 하다. 당분간은 이러한 아쉬운 상황은 생각하지 말자.

판매할 수도 있는데 하필이면 그 상품을 생산하여 판매하기로 선택했다는 것은 그 상품을 생산하여 판매하는 것이 다른 상품을 생산하여 판매하는 것에 비해 더 만족스러운 결과를 줄 것이라고 판단했기 때문이다. 여기서의 만족은 바로 기업이 누리는 이윤profit이다.

이렇게 누군가는 어떤 상품을 소비하려고 하고 누군가는 그 상품을 판매하려고 할 때, 그 상품의 거래가 이루어지는 시장market이 생겨나게 된다. 우리는 그 시장에서 어떤 거래가 이루어지게 되는지를 살펴볼 것이다. 즉, 경제학에서 등장하는 중요한 주제 중의 하나가 바로 시장에 관한 이야기이다.

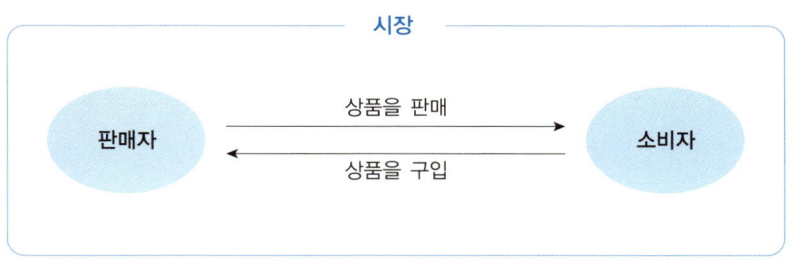

2. 효용은 뭐고 편익은 뭐야?

경제학에서 등장하는 생소한 표현 중 하나가 바로 효용_utility_이다. 우리는 무언가를 사용함으로써 쓸모를 느끼고 만족을 경험하게 되는데, 이때 얼마나 많은 만족을 느끼는지를 숫자의 크고 작음으로 나타낸 것이 바로 효용이다.

A사가 판매하는 펜과 B사가 판매하는 펜의 가격이 동일하게 2,000원일 때 당신이 B사의 펜을 선택했다면, 이것은 당신이 B사의 펜이 가져다주는 효용이 더 크다고 판단했기 때문이다.

그런데 효용은 만족의 크기를 숫자의 크고 작음으로만 나타내기 때문에 분석의 한계가 있다.[3] 예컨대, 운재와 현지가 똑같은 음료수를 마시는 상황에서 각각 얼마나 많은 효용을 느끼는지 물어봤더니 운재는 효용이 80이라고 대답하고 현지는 효용이 160이라고 대답했다고 하자. 우리는 현지가 느끼는 만족이 운재가 느끼는 만족의 2배에 달한다고 말할 수 있을까? 그렇지 않다. 운재에게 80이라는 숫자가 의미하는 만족의 정도와 현지에게 160이라는 숫자가 의미하는 만족의 정도를 우리는 비교할

---

[3] 이러한 성질을 서수성(ordinality)이라고 한다. 예를 들어 10이라는 수와 5라는 수가 있을 때 우리는 "10은 5보다 크다"라고만 판단할 수 있을 뿐, "10은 5의 두 배이다"라는 판단을 할 수 없다. 즉, 서수성은 숫자의 대소만 판단할 수 있고, 그 차이의 정도는 판단할 수 없는 성질을 뜻한다.

수 없다.

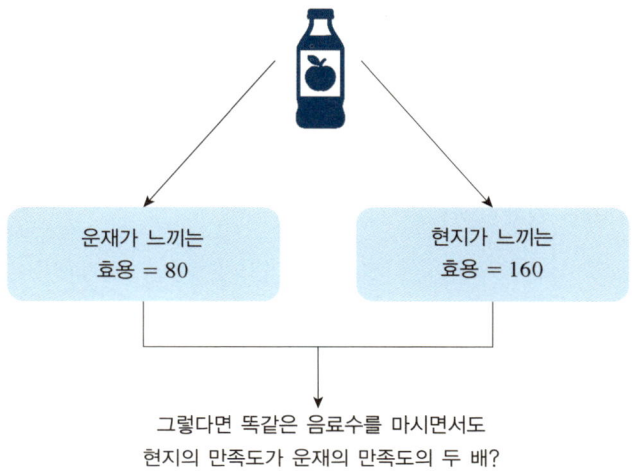

그렇다면 똑같은 음료수를 마시면서도
현지의 만족도가 운재의 만족도의 두 배?

따라서 우리는 한 번 더 물어봐야 한다. 운재에게는 "너에게 80이라는 숫자는 돈money으로 얼마나 되니?", 현지에게는 "너에게 160이라는 숫자는 돈으로 얼마나 되니?"라고 말이다. 이때 운재는 "나에게 80이라는 숫자는 돈으로 치면 1,500원이야", 현지는 "나에게 160이라는 숫자는 돈으로 치면 1,400원이야"라고 대답할 수 있다. 즉, 똑같은 음료수를 마시는 상황에서 오히려 운재가 더 많은 만족을 느끼고 있는 셈이다.

이처럼 지극히 주관적인 개념인 효용을 객관적으로 측정할 수 있는 화폐액으로 환산한 개념을 경제학에서는 편익benefit이라고 한다.

경제학을 공부하는 이유는 "이 선택을 할까? 아니면 하지 말까?", "이것을 선택할까? 아니면 저것을 선택할까?"에 대한 대답을 찾기 위함이다. 이 선택을 하면 편익을 얼마나 누릴 수 있고, 비용cost은 얼마나 부담해야 하는지를 비교하여, 이 선택을 할지 말지 판단한다. 또한 여러 선택지들 가운데 순net편익, 즉 편익과 비용의 차이가 가장 큰 것을 찾아 그것을 선택한다.

    이러한 선택을 경제학에서는 합리적 선택이라고 하며, 합리적 선택을 통해 가장 큰 물질적 순이득(순편익 net benefit)을 누릴 수 있도록 도와주는 것이 바로 경제학이다.

3. 기회비용이 뭐야?

우리는 하고 싶은 것들을 다 할 수는 없기에, 여러 선택지 중에서 무엇인가를 선택해야 한다. 그런데 무엇인가를 선택한다는 것은 곧 다른 무엇인가를 포기함을 의미한다. 우리는 살아가면서 하루에도 몇 번씩 "이것을 선택하지 않고 그것을 선택했더라면 어땠을까?"라는 생각을 한다. 이것이 바로 기회비용과 관련된 생각이다.

기회비용과 관련한 명언이나 속담들은 굉장히 다양하다. 노벨 경제학상을 수상한 프리드먼Milton Friedman(1912~2006)이 남긴 "이 세상에 공짜 점심은 없다There is no such thing as a free lunch"는 명언이나, 우리의 속담 중 하나인 "산토끼 잡으려다 집토끼 놓친다"가 바로 대표적인 경우이다.

이제 기회비용이 무엇인지에 대해 더 구체적으로 이야기해 보자.

아무것도 하지 않으면 아무런 비용도 안 든다는 것은 착각이다. 아무것도 하지 않는 3시간이 시급 15,000원을 받으며 아르바이트할 기회를 거절하고 소비하는 3시간이라면, 아무것도 하지 않는 그 3시간은 무려 45,000원의 비용을 유발하는 셈이다. 이것이 기회비용opportunity cost이다. 즉, 내가 만약 이 선택을 하지 않는다면(않았더라면) 누릴 수 있는(누릴 수 있었을) 최대의 순이득이 바로 그 선택이 유발하는 기회비용이다.

예를 들어, 별도의 준비물 없이 수강할 수 있는 3시간짜리 수업이 있다고 하자. 이 수업의 수강료가 50,000원일 때, 이 수업을 수강하기로 선택하는 것에 따른 기회비용은 바로 이 수업을 수강하지 않는 경우 손에 쥘 수 있는 순이득이다. 만약 운재가 이 수업을 수강하지 않는다면, 같은 시간에 3시간짜리 아르바이트를 할 수 있으며 시급이 15,000원이라고 하자.

운재가 수업을 수강하는 것을 선택함에 따른 기회비용은 50,000원 + 45,000원 = 95,000원이 된다. 수업을 수강하지 않는다면 50,000원이 내 수중에 있을 것이고, 여기에 더해 45,000원이 생길 것이기 때문이다.

이때 우리는 50,000원을 명시적 비용explicit cost, 45,000원을 암묵적 비용implicit cost이라고 한다. 주의할 것은 암묵적 비용은 사람에 따라 달라질 수 있다는 점이다. 동일한 상황에서 현지의 시급이 13,000원이라면 현지가 수업을 수강하기로 선택함에 따른 기회비용은 50,000원 + 39,000원 = 89,000원이다. 명시적 비용은 객관적으로 관찰되는 비용이므로 누구에게나 그 크기가 동일하지만, 각자가 갖고 있는 또 다른 선택지의 내용에 따라 암묵적 비용은 다를 수 있다.

> 기회비용 = 명시적 비용 + 암묵적 비용

요약하면, 어떤 경제행위로 인해 발생하는 비용을 기회비용이라 하며, 기회비용은 명시적 비용과 암묵적 비용의 합(기회비용 = 명시적 비용 + 암묵적 비용)이다. 그리고 경제학에서 등장하는 비용은 바로 기회비용이라 생각하면 된다. 즉, 명시적 비용을 회계적 비용이라고도 하며, 기회비용을 경제적 비용이라고 한다.

Quiz

Q. 300만 원의 월급을 받으며 회사에 다니는 운재가 분식집을 개업하려고 생각하고 있다. 분식집 개업 시 다음과 같은 상황이 예상된다고 하자

> ① 월 매출액 = 500만 원
> ② 파트타임 근무자 월 급여 = 100만 원
> ③ 각종 공과금 = 30만 원
> ④ 각종 재료비용 = 70만 원.

운재가 분식집을 운영함에 따라 한 달에 얼마의 경제적 이윤을 획득할 수 있을까?

[해설 및 정답]
분식집 운영에 따른 명시적 비용 = (100 + 30 + 70)만 원 = 200만 원
분식집 운영에 따른 암묵적 비용 = 300만 원
분식집 운영에 따른 매출액 = 500만 원
분식집 운영에 따른 경제적 이윤 = (500 − 200 − 300)만 원 = 0원

4. 시장은 왜 생기는 거야?

경제학에서는 시장market을 "수요demand와 공급supply이 존재하는 장소"라고 설명한다. 여기서의 장소는 물리적 공간을 필요로 하지 않는다. 어쨌든 무언가에 대한 수요와 공급이 존재하기만 하면 시장이 생기는 셈이다. 수요는 무엇인가를 구입하고자 하는 욕구를 가리키며, 공급은 무엇인가를 판매하고자 하는 의도를 뜻한다. 즉, 누군가는 무엇인가를 구입하고자 하고 누군가는 그것을 판매하고자 하면 둘 사이에 시장이 생긴다.

경제학에서는 어떤 거래가 발생하면 이는 누군가의 순편익이 생기기 때문이라고 해석한다. 즉, 무언가의 시장이 만들어졌다면 이는 그 시장에서 거래하는 당사자들에게 물질적 이득이 생겨나기 때문이라고 생각할 수 있다. 이때 소비자에게 생기는 물질적 이득을 소비자 잉여consumer's surplus, 판매자에게 생기는 물질적 이득을 공급자 잉여producer's surplus라고 표현한다.

현지가 평소에 눈여겨보았던 모자를 구입하는 상황을 생각해 보자. 현지는 이 모자를 구입하여 사용하면 20,000원 상당의 편익이 생길 것이라고 느끼고 있다. 따라서 모자를 구입하는 대가로 20,000원까지는 지불할 각오를 하고 상점에 간다. 그런데 모자의 가격이 14,000원이라면 모자를 구입함으로써 6,000원의 이득이 생긴다고 느낄 것이다. 이처럼 소비자가 무엇인가를 구입하는 대가로 지불할 용의가 있는 최대 금액maximum will to pay과 실제로 지불한 금액의 차이가 소비자 잉여가 되며, 이것이 소비자가 무엇인가를 구입하는 이유가 된다.

그렇다면 이 모자를 생산하여 판매하는 회사는 어떤 이득을 경험하게 될까? 어떤 상품을 생산하기 위해 추가로 부담하게 되는 비용을 경제학에서는 한계비용marginal cost이라고 한다. 만약 현지가 구입하려는 모자가 생산되는 과정에서 8,000원의 비용을 추가적으로 유발하였다면 모자 회사는 그 모자를 판매하는 대가로 최소한 8,000원은 받아야 한다고 생각할 것이다. 이를 최소한 받고자 하는 금액minimum will to accept이라고 한다. 그런데 실제로는 14,000원을 받고 모자를 판매하게 되므로 모자

모자를 구입해서 사용하면 20,000원의 편익이 생길 텐데 모자 가격이 14,000원이네?

그러면 나는 14,000원을 지불하고 20,000원 편익을 누리는 거니까 6,000원이 이득이겠구나!

이 모자를 만드느라고 8,000원이 들었는데 모자를 14,000원에 판매할 수 있겠네?

그러면 나는 8,000원 들여서 만든 모자를 14,000원에 판매하게 되는 거니까 6,000원이 이득이겠구나?

회사는 두 금액의 차이인 6,000원을 이득으로 경험하게 된다. 이것이 공급자 잉여가 되며, 무엇인가가 공급되는 이유이기도 하다.

이제 우리는 시장이 거래 당사자에게 이득이 되는 거래의 장소라는 점을 알 수 있으며, 이러한 이득이야말로 시장이 만들어지는 가장 중요한 원인이라는 것을 알게 되었다. 여기서 잠시 생각해 볼 것이 있다. 거래를 통한 물질적 이득을 누리기 위해 시장에 등장하는 사람들은 다들 자신의 이득이 더 커지기를 바라는 사람들일 것이므로, 서로 자신의 이득을 차지하기 위해 다투는 광경이 연상된다. 그러나 이러한 우려와는 달리 시장에서는 거래 당사자들이 "쿨거래였습니다"라고 하며 만족스러운 표정으로 악수를 하고 돌아서는 광경이 더 일반적이다. 우리의 막연한 우려와 달리 "이보다 더 좋을 수는 없다"는 결과가 달성되는 이유가 무엇일까?

이러한 질문에 대한 애덤 스미스(1723~1790)의 유명한 설명이 있다. 시장에 참여하는 사람들 사이에 우리의 눈에는 보이지 않는 어떤 조정자가 존재하여 각 개인들의 행동이 모두의 이득으로 연결되게 한다는 것이다. 애덤 스미스의 『국부론國富論, The Wealth of Nations』에는 다음과 같은 설명이 있다.

"푸줏간 주인, 양조장 주인 혹은 빵집 주인의 이타심에서 우리의 저녁식사가 나오는 것이 아니다. 우리의 저녁식사는 그들의 이기심에서 나오는 것이다.It is not from the benevolence of the butcher, or the brewer, or the baker that we expect our dinner, but from their regard to their own self-interest."

애덤 스미스

애덤 스미스(Adam Smith, 1723~1790)는 스코틀랜드에서 태어나 글래스고우 대학을 졸업하였다. 그후 옥스퍼드대학에서도 수학한 것으로 알려졌다.

그는 1751년부터 1764년까지 글래스고우대학에서 교수로 재직하면서 도덕철학을 강의했는데, 이 강의록을 정리하여 『도덕감정론』(1759)을 저술하였다.

그가 『국부론』을 저술한 연도는 1776년이다. 이 시기에 영국은 산업혁명을 거치며 본격적으로 경제성장을 이루고 있었다. 『국부론』의 출간으로 경제학은 하나의 학문으로 확고하게 자리 잡게 되었고, 애덤 스미스는 자본주의 경제학 이론의 기초를 정립한 고전학파 경제학의 창시자로 추앙받게 되었다.

5. 시장경제는 뭐고 계획경제는 뭐야?

경제가 돌아가는 원리를 경제체제economic system라고 표현한다. 이를 좀 더 세련되게 표현하면, 경제체제란 희소한 자원을 어떻게 활용하고 분배하는가에 관해 사회적으로 합의된 각종 제도와 방식을 말한다. 경제체제는 크게 시장경제 체제와 계획경제 체제로 대별된다.

시장경제market economy 체제는 거래에 참여하는 당사자들의 자유로운 의사결정과 경쟁을 통해 거래가 이루어지는 방식이다. 즉, 시장에 참여하는 거래의 당사자들은 자신의 물질적 이득을 최대화하기 위한 선택을 한다. 이러한 시장경제 체제는 선택의 자유와 선택에 따른 결과를 누군가가 침해할 수 없도록 사유재산제를 함께 갖추는 것이 일반적이다. 우리는 사유재산제를 갖춘 시장경제 체제를 자본주의 시장경제 체제라고 부른다.

계획경제planned economy 체제는 정부가 사회의 계획자social planner 역할을 하는 경제체제이다. 즉, 정부의 계획과 의지에 따라 생산자원의 배분이 결정되는 방식이다. 생산자원의 배분allocation이란 경제가 갖고 있는 생산자원(예컨대 노동력, 토지, 기계 등) 중에서 어떤 생산자원을 무엇의 생산을 위해 얼마나 투입해야 하는지를 결정하는 일이다. 즉, 생산자원이 투입되어야 할 장소를 지정하는 작업이 바로 생산자원의 배분이라고 생각하면 된다. 시장경제 체제에서는 이것이 거래의 당사자들에 의해 결정되도록 맡기는 반면, 계획경제 체제에서는 정부가 결정한다. 이러한 계획경제 체제는 경제적 자원의 소유권이 각 개인에게 있지 않고 사회에 있는 것이 일반적이다. 우리는 사유재산제가 인정되지 않는 계획경제 체제를 사회주의 계획경제 체제라고 부른다.

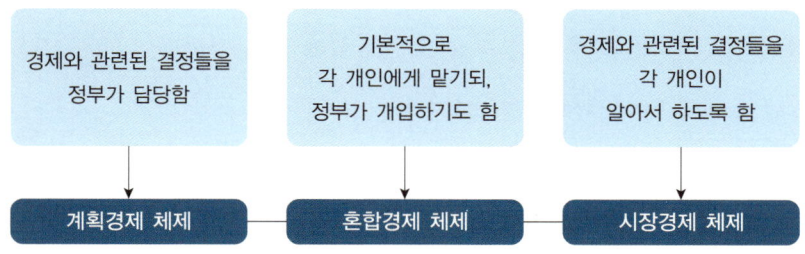

대부분의 국가들은 극단적으로 완전한 시장경제 체제 또는 계획경제 체제를 선택하기보다는, 둘의 장점을 섞어놓은 경제체제를 갖고 있다. 이를 혼합경제 체제mixed economic system라고 한다. 일단 시장에서 결정하도록 맡기지만, 문제가 생겼다고 판단되면 정부가 개입하여 상황을 개선하는 노력을 하는 경제제체이다.

우리 책에 등장하는 대부분의 상황은 시장경제를 바탕으로 하는 혼합경제 체제를 배경으로 하고 있다. 즉, 각종 경제현상을 분석하는 과정에서, 기본적으로 경제행위의 당사자인 가계house hold와 기업firm이 등장하는 가운데 때때로 정부government도 등장하게 된다.

6. 가격은 왜 이렇게 비싼 거야?

가격price은 시장에서 수요와 공급에 의해 결정된다. 따라서 가격이 비싸거나 싸다면 그 이유는 수요 또는 공급에 있을 것이다. 이제 수요와 공급에 대해 더 자세히 들여다보자.

앞에서 수요는 무엇인가를 구입하고자 하는 욕구라고 설명했다. 우리는 수요되는 수량을 수요량quantities demanded이라고 하는데, 이는 일정한 기간 동안 소비하고자 하는 수량을 뜻한다. 현지가 하루에 생수 1리터를 소비하고자 한다면 현지의 하루 동안의 생수 수요량은 1리터가 되는 것이다. 이처럼 일정 기간 동안 측정되는 값을 경제학에서는 유량flow변수라고 한다.[4] 따라서 수요량은 유량변수이다. 이제 그 유명한 수요법칙과 수요곡선demand curve에 대해 알아보자.

사람들은 상품의 가격이 하락하면 더 많은 양을 수요하는 것이 일반적인데, 이것을 수요법칙law of demand이라 부른다. 즉, "싼 김에 더 쓰자"가 수요법칙을 잘 나타낸다. 여기서 법칙은 반드시 그래야 한다는 의미라기보다는 일반적으로 목격되는 현상을 나타내는 표현이라고 생각하자.

---

[4] 비어 있는 욕조에 물을 채우는 상황을 생각해 보자. 오후 6시부터 물을 채우기 시작하여 6시 10분에 수도꼭지를 잠갔다. "6시 10분 현재" 욕조에 20리터의 물이 있다면 이러한 측정값을 저량(stock)이라고 한다. 즉, 특정 시점에서 측정되는 값이 저량인 셈이다. 그리고 6시부터 6시 10분까지 "10분 동안" 수도꼭지를 지나간 물의 양이 20리터임을 알 수 있는데, 이러한 측정값을 유량(flow)이라고 한다.

상품의 가격을 P_{price}라 표시하고, 수요되는 수량(수요량)을 $Q_{quantities}$라 표시하여 수직축에 P, 수평축에 Q를 놓아 수요법칙을 그림으로 나타낸 것이 바로 수요곡선이다.

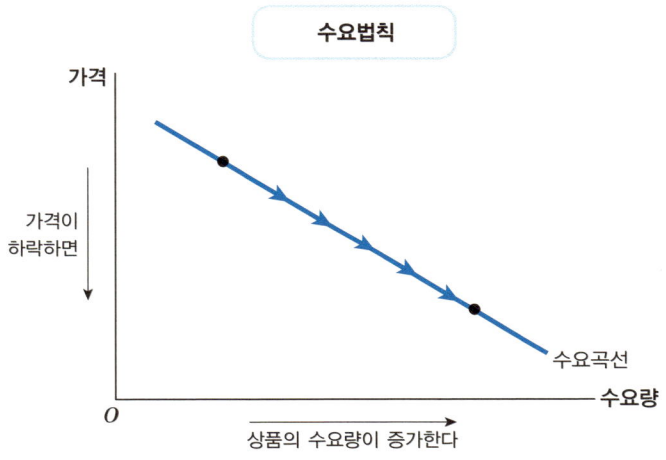

그렇다면 사람들은 왜 상품의 가격이 하락하면 더 많이 소비하려고 할까? 어떤 상품의 가격이 하락하면 다른 상품을 사용하기보다는 더 저렴한 이 상품을 소비하는 효과가 생긴다. 말하자면, 가격이 상대적으로 높아져 버린 상품을 가격이 낮아진 상품으로 대체하게 된다는 것이다. 이것을 경제학에서는 대체효과$_{substitution\ effect}$라 한다. 그런데 소비하는 상품의 가격이 이전보다 하락하면 사람들은 예전과 동일한 돈으로 더 많은 상품을 구입할 수 있게 된다. 즉, 명목상의 소득$_{nominal\ income}$은 그대로이더라도 상품의 가격이 하락하면 실질적인 소득$_{real\ income}$이 증가하는 효과가 생긴다. 이것은 대체효과에 더해 상품을 더 소비할 수 있도록 만들어주게 되는데, 경제학에서는 이러한 효과를 소득효과$_{income\ effect}$라 한다.

정리하면, 어떤 상품의 가격이 하락하면 대체효과와 소득효과에 의해 그 상품에 대한 수요량이 증가하게 되며, 이를 그림으로 나타낸 것이 바로 수요곡선이다. 수요곡선은 오른쪽으로 가면서 아래로 내려가는, 즉 우하향하는 모양으로 그려진다.

자 이번에는 공급에 대해 생각해 보자. 앞에서 공급은 무엇인가를 판매하고자 하는 의도를 의미한다고 설명했다. 따라서 공급량quantities supplied은 일정 기간 동안 공급되는 수량이 되고, 공급량 역시 수요량과 마찬가지로 유량이 된다. 수요곡선이 우하향하는 모양인 것에 비해, 일반적으로 공급곡선은 오른쪽으로 가면서 올라가는 모양, 즉 우상향하는 모양을 갖는다. 이는 가격이 올라가면 더 많은 양을 공급하려 한다는 것을 나타내는데, 이를 공급법칙law of supply이라 부른다. 가격이 올라가면 생산자는 더욱 좋은 조건으로 상품을 판매할 기회가 생기는 것이므로 그 기회를 최대한 활용하기 위해 공급량을 늘리는 것이 우리의 상식과도 어

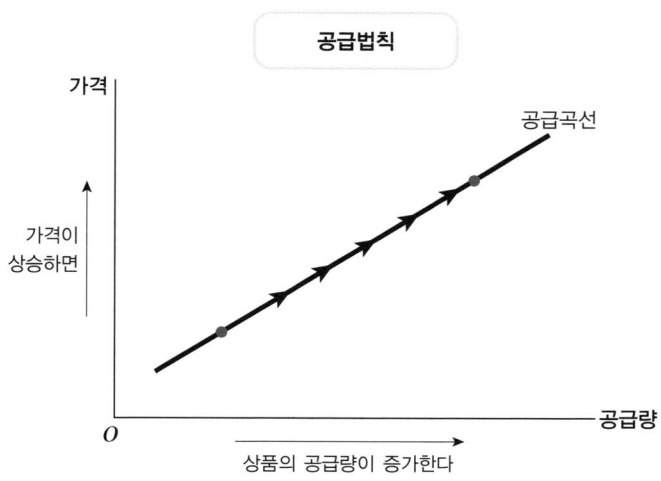

울리는 현상이다.

거래되는 것의 가격은 결국 수요와 공급에 의해 결정된다. 공급되는 양에 비해 수요되는 양이 더 많으면 우리는 초과수요excess demand가 발생한다고 표현하며, 반대의 경우에는 초과공급excess supply이 발생한다고 표현한다.

초과수요가 발생한다는 것은 상품이 부족하다는 뜻이므로 상품의 품귀현상이 나타나 가격이 비싸질 가능성이 높다. 아파트를 소유하려는 사람들은 많은데 새롭게 건축되어 분양되는 아파트의 양이 부족하면 아파트의 가격이 점점 비싸지는 것도 이러한 현상이다.

반대로 초과공급이 발생한다는 것은 상품이 생각했던 것만큼 잘 팔리지 않아 창고에 재고가 쌓인다는 것이므로 상품의 가격이 내려갈 가능성이 높다. 올해 양파 재배가 풍년이어서 양파의 수확량이 갑자기 늘어나면 양파의 가격이 내려가는 것이 이러한 현상이다.

우리는 초과수요나 초과공급이 없어서 지금의 가격이 더 이상 올라

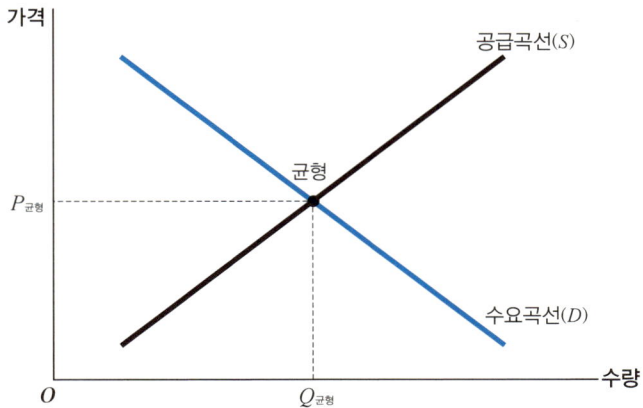

가지도 내려가지도 않는 상태를 균형 equilibrium 이라고 한다.

이제 우리는 가격이 비싼 이유를 어렵지 않게 알 수 있다. 공급은 그대로인데 수요가 늘어나거나, 반대로 수요는 그대로인데 공급이 줄어들면 가격은 비싸진다.

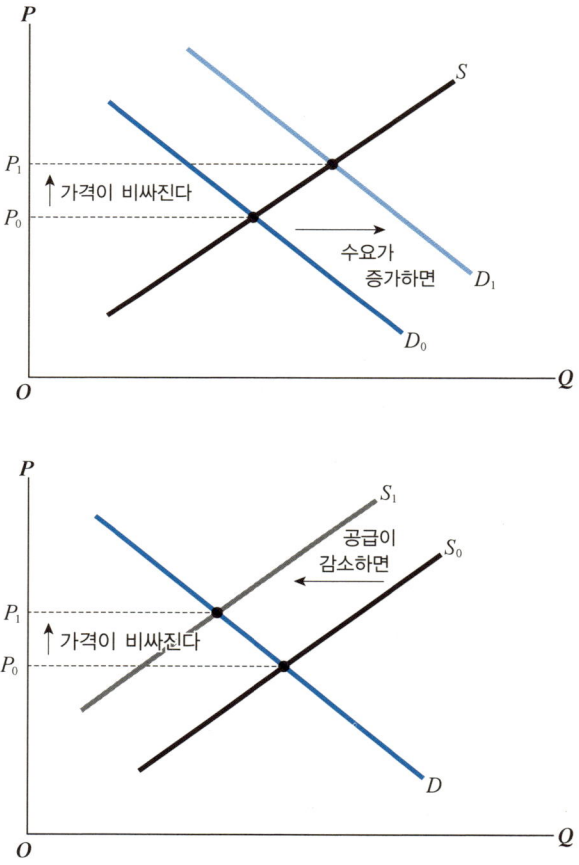

어떤 상품을 생산하는 데 투입되는 재료의 값이 비싸지면 그 상품의 생산비용이 증가한다. 이때 생산자는 상품의 가격을 높임으로써 생산비

용의 증가를 보전하려고 할 것인데, 이것은 공급곡선이 위쪽으로 이동하는 모습으로 표현된다. 어떤 국가가 수입되는 중간재나 원자재에 대해 관세를 부과하면 이 국가의 기업들은 더 비싼 가격으로 재료를 구입하게 되므로, 그 재료를 투입해서 생산하는 상품의 가격을 높이는 현상이 발생한다. 그러면 결국 시장에서 상품의 가격이 올라가고, 소비자들은 예전보다 더 높은 가격에 상품을 소비하게 된다.

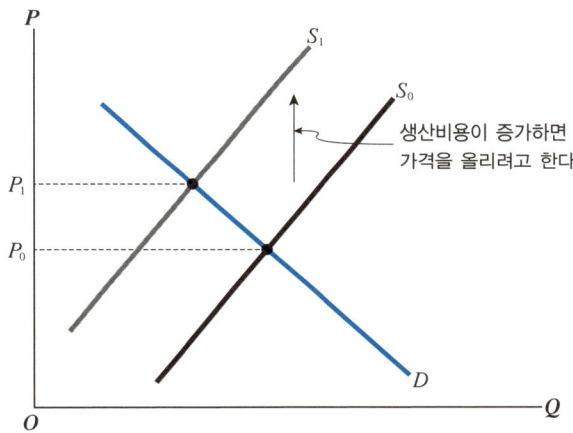

Quiz

Q1. 다음 중 재화의 가격을 상승시키는 요인이 아닌 것은?

① 세계 원유시장에서 유가의 상승

② 재화에 대한 광고 및 선전 증가

③ 보완재 가격의 상승

④ 정부의 구매량 증가

[해설]
보완재의 가격이 상승하면 보완재의 사용량이 감소하며, 따라서 이 재화의 수요도 감소한다. 가격은 하락할 것이다.

Q2. 다음의 수요 및 수요량의 결정변수에 관한 설명 중 옳지 않은 것은?

① 상품의 가격이 상승하면, 그 상품에 대한 수요량은 항상 감소한다.

② 일반적으로 소비자의 소득이 증대되면 수요가 증가한다.

③ 대체관계에 있는 두 상품 X재와 Y재의 경우, X재의 가격이 상승하면 Y재의 수요가 증가한다.

④ 어떤 상품에 대한 소비자들의 선호를 증가시키는 방향으로 기호가 변하면 그 상품에 대한 수요가 증가한다.

[해설]
기펜재(Giffen's good)는 상품의 가격이 상승하면 수요량이 증가한다.

[정답] Q1. ③   Q2. ①

7. 어떤 선택이 합리적 선택이야?

경제학에서는 합리성rationality이라는 단어가 자주 등장한다. 조금 더 거창하게 이야기하면, 자원의 희소성이 존재하는 상황에서 어떤 선택을 하는 것이 합리적일지를 고민하는 학문이 바로 경제학이다.

경제학을 공부하다 보면 한계편익marginal benefit, 한계비용marginal cost, 한계수입marginal revenue 등 "한계"라는 단어와 자주 만나게 된다. 우리가 일상생활에서는 거의 사용하지 않는 이 단어는 무슨 뜻일까? 한계marginal라는 것은 "지금으로부터 어떤 행위를 한다면 그것이 가져올 변화"라고 생각하면 된다. 이것에 대해 자세히 살펴보자.

현지가 상영시간이 2시간인 어떤 영화를 보려고 15,000원을 주고 티켓을 구매했다고 하자. 이 티켓은 일단 영화가 시작되면 환불이 불가능하다. 이제 영화가 시작되어 30분쯤 지났을 때, 현지는 영화가 너무 재미 없어서 그냥 나갈지를 고민하게 되었다. 그 시점에서 현지의 선택지는 영화를 계속 보는 것과 영화관에서 나가는 것 두 가지이다. 합리적 선택은 무엇일까? 일단, 영화를 계속 보든 중간에 나가든 이미 지출한 15,000원은 돌이킬 수 없는 비용이다. 즉, 티켓 구입비용 15,000원은 이미 지출되어 돌이킬 수 없는 비용이라는 사실은 30분이 지난 시점에서 현지가 어떤 선택을 하든 달라지지 않는다. 이러한 비용을 매몰비용sunk cost이라고 한다.

현지는 영화 시작 후 30분이 된 시점에서, 남은 1시간 30분을 영화 관람에 사용할 경우 누리게 될 추가적인 편익(한계편익 Marginal Benefit)은 얼마나 되고 추가적인 비용(한계비용 Marginal Cost)은 얼마나 될지를 비교하여, 영화를 계속 볼 것인지 아니면 중간에 나갈 것인지를 선택할 것이다. 이러한 선택을 한계적 의사결정이라고 한다. 앞에서 이야기한 매몰비용은 되돌릴 수 없는 비용이므로 한계적 의사결정 과정에서는 고려되지 않는다.

경제학에서 이야기하는 합리적 선택이란 곧 한계에 근거한 의사결정을 의미한다. 내가 어떤 행위를 하려고 할 때, 나는 그 행위가 나에게 어떤 변화를 가져올지 생각하기 마련이다. 그 행위가 가져올 한계편익(MB)이 한계비용(MC)보다 크다고 생각하면 그러한 행위를 할 것이다. 이러한 선택이 바로 합리적 선택이다.

현지가 운동을 하다가 갈증이 나서 음료수를 사먹을지 생각 중이다. 지금 갈증이 매우 심해서 음료수 하나를 마시면 큰 만족을 얻을 수 있을 것이다. 이것이 바로 첫 번째 음료수를 마실 때 얻는 한계편익이다. 계산을 해보니 한계편익이 2,000원 정도로 생각된다고 하자. 그런데 음료수를 공짜로 마실 수는 없고 가격을 지불해야 한다. 이것, 즉 음료수의 가격 Price이 현지 입장에서는 음료수 소비에 따른 한계비용이다.

음료수의 가격이 1,500원이라면 현지 입장에서는 첫 번째 음료수를 소비하는 경우 한계편익은 2,000원이고 한계비용은 1,500원이니까 음료수를 소비하는 것이 합리적이다. 그런데 음료수를 하나 마시고도 갈증이 남아있어서 하나를 더 마셔볼까 생각 중이라고 하자. 이미 첫 번째 음료수를 소비하여 갈증이 어느 정도 줄어든 상태이므로, 두 번째 음료수가 주는 갈증 해소의 만족도는 첫 번째 음료수보다는 작은 것이 일반적이다. 즉, 두 번째로 소비하는 음료수의 한계편익은 첫 번째로 소비했던 음료수의 한계편익보다 작아진다. 이것을 경제학에서는 한계효용 체감diminishing marginal utility 또는 한계편익 체감이라고 표현한다.

두 번째 음료수의 한계편익이 1,500원이라면 현지는 두 번째 음료수까지만 소비하고 더 이상은 소비하지 않을 것이다. 이것이 소비자의 합리적 소비 결정이다. 즉, "MB(한계편익) > P(가격)"이면 소비량이 늘어나다가 "$MB = P$"가 되는 수준에서 멈춘다.

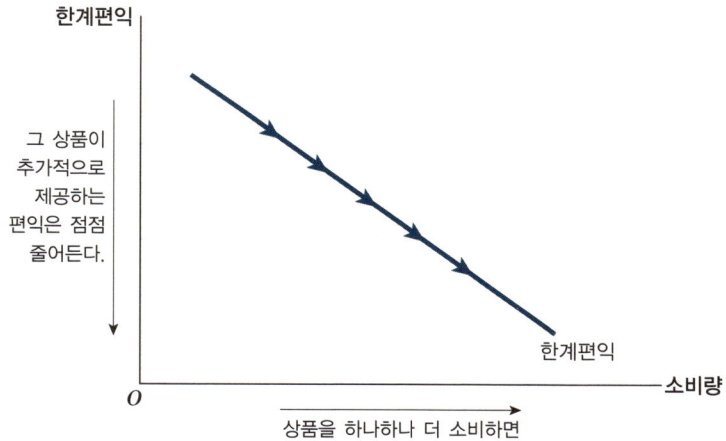

상품을 소비함에 따라 생기는 한계편익은 점점 작아지는 것이 일반적인데, 상품을 생산함에 따른 한계비용은 어떨까? 한계비용은 말 그대로 상품을 하나 더 생산하려면 얼마나 많은 비용이 더 들어가는지를 뜻한다. 예를 들어 11번째로 생산된 상품의 한계비용이 1,000원이라는 것은 바로 그 11번째 상품을 생산하는 과정에서 추가로 1,000원의 비용이 발생했다는 뜻이다.

소비를 늘려나감에 따라 한계편익이 감소하는 것이 일반적인 반면, 생산을 늘려나감에 따른 한계비용은 증가하지 않을 수도 있다. 첫 번째 상품을 생산하는 데 1,000원의 비용이 들어가고, 두 번째 상품을 생산하는 데 1,200원, 세 번째 상품을 생산하는 데 1,500원의 비용이 들었다면 한계비용이 체증increasing marginal cost한 것이다. 그러나 상품을 생산하는 과정에서 한계비용이 일정하게 유지되는 경우도 어렵지 않게 목격할 수 있다.

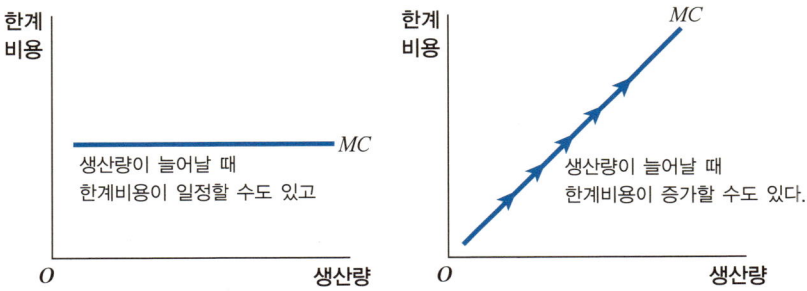

소비자가 어떤 상품을 소비할지 말지, 소비한다면 몇 개까지 소비할지를 결정할 때 한계편익(MB)과 가격(P)을 비교하듯이, 기업이 어떤 상품을 생산할지 말지, 생산한다면 몇 개까지 생산할지를 결정할 때 한계비용(MC)과 한계수입Marginal Revenue ; MR을 비교하게 된다. 즉, 상품 하나를 더 만들려면 MC만큼의 추가적인 비용이 드는데, 이것을 판매하면 MR만큼의 추가적인 수입이 생길 것이므로 기업에게 MR이 곧 한계편익

과 동일한 개념이 된다. 따라서 $MR > MC$인 경우에는 상품을 만들어서 판매하는 것이 이득이다.

현재 100개의 상품을 생산하여 개당 1,000원의 가격으로 판매하고 있는 동이를 생각하자. 동이는 상품을 1개 더 생산하여 판매해 볼까를 고민하고 있다. 판매량을 100개에서 101개로 증가시키려면 현재의 가격 1,000원보다 가격을 낮춰야 한다.[5] 계산을 해보니 가격을 995원으로 낮춰야 판매량이 101개로 증가할 수 있는 것으로 확인되었다. 그렇다면 동이가 판매량을 현재의 100개에서 101개로 1개만큼 늘리는 경우 총수입은 100,000원(1,000원 × 100개)에서 100,495원(995원 × 101개)으로 495원만큼 증가한다. 이것이 동이에게 생기는 한계수입(MR)이다. 따라서 동이는 101번째 상품을 생산하기 위해서 얼마나 많은 비용이 추가로 들어가는지를 확인하게 된다. 계산을 해보니 101번째 상품을 생산하기 위해서는 600원이 추가로 들어간다고 하자. 이것이 한계비용(MC)이다. 그렇다면 동이는 생산량을 100개에서 101개로 늘림에 따라 600원의 비용이 추가로 들어가는 반면, 추가로 생기는 수입은 이보다 작은 495원이므로, 생산량을 101개로 늘리지 않는 것이 합리적이라고 생각할 것이다.

이처럼 기업은 생산량을 늘려볼까를 고민할 때 MC와 MR의 크기를 비교하여 $MC < MR$이면 생산을 늘리다가 $MC = MR$가 되는 수준까지 상

---

[5] 가격이 1,000원일 때 100개의 상품이 판매되고 있다면, 1,000원의 가격에서 팔릴 만큼 다 팔린 수량이 100개라는 의미이기도 하다. 따라서 상품이 더 팔리도록 하려면 가격을 1,000보다 낮춰야 한다.

품을 만들어서 판매하려고 할 것이다.

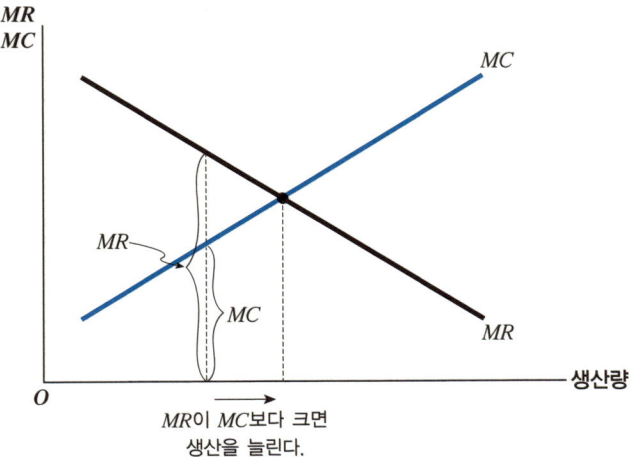

8. 가격탄력성이 뭐야?

경제학에서 "탄력성elasticity"이라는 표현이 자주 등장하는데, 탄력성은 무슨 뜻일까? 우리가 일상적으로 사용하는 "탄력적"이라는 표현과는 조금 다른 의미를 갖고 있는 개념이어서 살펴볼 필요가 있다.

경제학에서 탄력성은 반응성 또는 민감성과 비슷한 개념이다. 예를 들어 상품의 가격이 오르거나 내리면 그 상품의 수요량도 변하게 되는데, 이때 "가격이 변화할 때 수요량이 얼마나 많이 변화하는지"가 바로 수요량의 민감성이자 탄력성이다. 자, 이제 좀 더 자세히 이야기해 보자.

수요의 가격에 대한 탄력성price elasticity of demand은 "가격이 변화할 때 수요량이 얼마나 많이 변화하는가"를 나타내는 개념이다. 우리가 이야기했던 수요법칙을 떠올려 보자. 상품의 가격(P)이 상승하면 수요량(Q)은 감소하는데, 이때 수요량이 굉장히 민감하게 반응하여 더 많이 감소할수록 수요의 가격에 대한 탄력성은 더 커지는 셈이다. 반대로 가격이 꽤 많이 상승했는데도 수요량이 별로 줄어들지 않는다면 수요량은 가격에 대해 별로 민감하지 않은 셈이므로, 수요의 가격에 대한 탄력성은 작다고 표현할 수 있다.

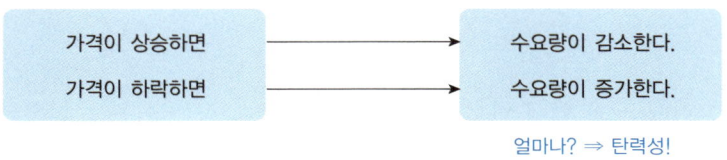

얼마나? ⇒ 탄력성!

탄력성에 관해 이야기할 때 우리는 먼저 두 가지 약속을 해야 한다.

첫째, "변화분$_{change}$"과 "변화율$_{rate\ of\ change}$"을 구별하자. 예를 들어 어떤 값 X가 기존에 비해 100만큼 증가하는 현상을 목격할 때, 우리는 X의 "변화분"이 +100이라고 표현한다. 이것을 식으로 나타내면 "$\Delta X = 100$"이다. 이때 원래 X의 값이 500이었다면 X의 "변화율"은 $\dfrac{X의\ 변화분}{변화\ 전\ X의\ 크기} = \dfrac{600-500}{500} = \dfrac{100}{500} = 0.2$ (또는 20%)가 된다. 그런데 만약 원래 X의 값이 1,000이었다면 X의 변화율은 $\dfrac{600-500}{1,000} = \dfrac{100}{1,000} = 0.1$ (또는 10%)이 된다. 따라서 우리는 X의 변화율을 $\dfrac{\Delta X}{X}$ 또는 $\dfrac{\Delta X}{X} \times 100\%$로 나타낸다. 즉, X가 100만큼 증가할 때 원래 X의 값이 얼마였는지에 따라 변화율은 달라진다.

둘째, A의 변화가 B에게 영향을 미칠 때 우리는 A를 원인$_{cause}$, B를 결과$_{effect}$라고 한다. 그리고 "A의 변화에 의해 발생하는 B의 변화"를 $\dfrac{B의\ 변화}{A의\ 변화}$라고 나타내자. 즉, 원인이 되는 현상을 분모에 놓고 결과에 해당하는 현상을 분자에 놓기로 약속하자.

이제 다시 수요의 가격탄력성으로 돌아가 보자. 수요의 가격탄력성은 가격(P)의 변화에 따라 수요량(Q)이 반응하는 정도이므로 다음과 같은 식으로 나타낼 수 있다.

$$수요의\ 가격탄력성 = -\dfrac{수요량의\ 변화율}{가격의\ 변화율} = -\dfrac{\dfrac{\Delta Q}{Q}}{\dfrac{\Delta P}{P}}$$

그런데 식의 앞에 마이너스(–) 부호가 붙어 있는 이유는 다음과 같다. 수요법칙에 따라 가격의 변화 방향과 수요량의 변화 방향은 일반적으로 반대이다. 예를 들어 가격의 변화율이 양(+)일 때 수요량의 변화율은 음(−)이 되므로, $\dfrac{수요량의\ 변화율}{가격의\ 변화율}$ 은 그 값이 일반적으로 음(−)이다. 그런데 우리가 중요하게 생각하는 것은 "가격이 변화할 때 수요량이 얼마나 반응하는지"이지 "가격이 변화할 때 수요량이 변화하는 방향"은 아니므로, $\dfrac{수요량의\ 변화율}{가격의\ 변화율}$ 의 앞에 마이너스(−) 부호를 적용하여 그 절대적인 크기에 집중하려고 하는 것이다.

예를 들어 어떤 상품의 가격이 10% 하락할 때 상품의 수요량(소비량)이 5% 증가한다면 수요의 가격탄력성은 0.5이다. 이제 수요의 가격탄력성을 $\varepsilon(P)$라 나타내기로 한다면 $\varepsilon(P) = -\dfrac{5\%}{-10\%} = 0.5$이다. 만약 수요량이 10% 증가한다면 $\varepsilon(P) = 1$, 수요량이 20% 증가한다면 $\varepsilon(P) = 2$가 된다. 우리는 $\varepsilon(P) = 1$을 기준으로 하여 $\varepsilon(P) > 1$이면 "수요가 가격에 대해 탄력적이다"라고 표현하고, $\varepsilon(P) < 1$이면 "수요가 가격에 대해 비탄력적이다"라고 표현한다.

> 가격이 변하는 정도 < 수요량이 변하는 정도 : 수요가 가격에 탄력적
> 가격이 변하는 정도 > 수요량이 변하는 정도 : 수요가 가격에 비탄력적

그런데 수요의 가격탄력성은 수요곡선의 기울기와 밀접한 관련이 있다. 즉, 수요의 가격탄력성은 가격이 상승하거나 하락할 때 수요량이 얼마나 많이 반응하는지를 나타낸 것이다. 이를 그림을 통해 살펴보면 다음과 같다.

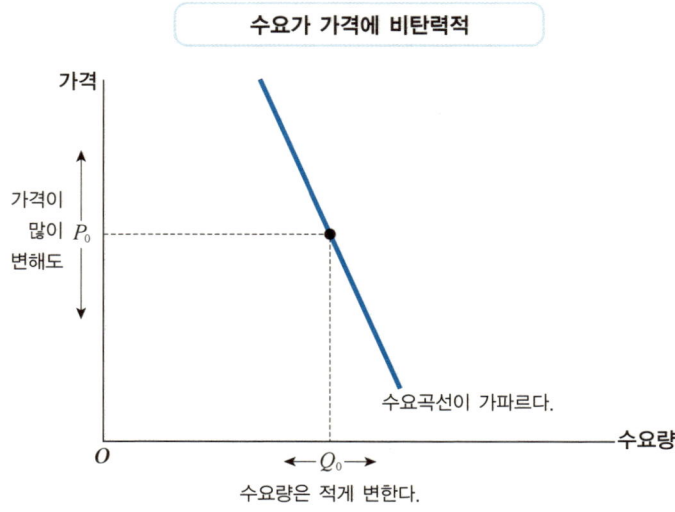

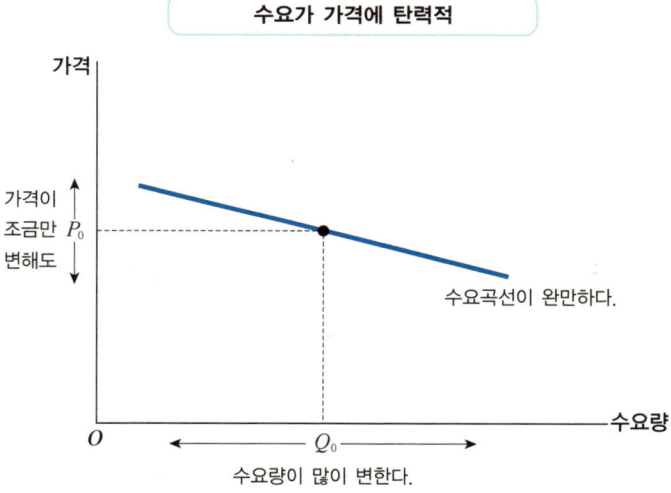

만약 수요곡선이 수직선의 형태라면 가격이 아무리 변하더라도 수요량이 전혀 변화하지 않는 경우가 되므로 수요의 가격탄력성은 $\varepsilon(P) = 0$ 이다.

상품을 생산하여 판매하고 있는 기업의 입장에서 자신이 판매하는 상품에 대한 수요의 가격탄력성은 굉장히 중요하다. 기업의 매출액을 총수입Total Revenue이라고도 하는데, 이것은 $TR = P \times Q$라 표현할 수 있다. P는 상품의 가격이고, Q는 상품의 판매량, 즉 상품의 수요량이다. 이 상품에 대한 수요의 가격탄력성이 1보다 큰지, 작은지, 아니면 1인지에 따라 상품의 가격을 조정할 때 기업의 총수입은 그 변화 방향이 다를 수 있다.

예를 들어 $\varepsilon(P) > 1$이라고 하자. 이것은 가격이 변화하는 정도에 비해 수요량이 변화하는 정도가 더 크다는 것을 의미한다. 따라서 기업이 상품의 가격을 인하하면 가격이 인하된 정도에 비해 더 크게 수요량(판매량)이 증가할 것이다. 즉, $TR = P \times Q$에서 P가 감소하는 정도에 비해 Q가 증가하는 정도가 더 크므로 TR은 증가한다. 따라서 기업은 자신이 판매하는 상품에 대한 수요가 가격에 대해 얼마나 탄력적인지를 알면 총수입을 증가시키기 위해 가격을 인하할지 인상할지를 판단할 수 있다.

$\varepsilon(P) > 1 \Rightarrow P$ 변화 정도 $< Q$ 변화 정도
$\Rightarrow \begin{cases} P \text{ 상승하면 } Q\text{는 더 많이 감소} \Rightarrow P \times Q\text{는 감소} \\ P \text{ 하락하면 } Q\text{는 더 많이 증가} \Rightarrow P \times Q\text{는 증가} \end{cases}$
$\Rightarrow$ 매출액을 늘리고 싶다면 P를 낮춰야!

$\varepsilon(P) < 1 \Rightarrow P$ 변화 정도 $> Q$ 변화 정도
$\Rightarrow \begin{cases} P \text{ 상승해도 } Q\text{는 조금 감소} \Rightarrow P \times Q\text{는 증가} \\ P \text{ 하락해도 } Q\text{는 조금 증가} \Rightarrow P \times Q\text{는 감소} \end{cases}$
$\Rightarrow$ 매출액을 늘리고 싶다면 P를 높여야!

우리가 소비하는 상품 중에는 꼭 필요한 상품들이 있는 반면에, 있으면 좋지만 없어도 큰 불편함이 없는 상품들도 있다. 꼭 필요한 상품들은 가격이 비싸지더라도 그 소비량을 크게 줄일 수 없으므로 $\varepsilon(P)$가 비교적 작은 값일 것이다. 반면 없어도 괜찮은 상품들은 가격이 비싸지면 그 소비량을 비교적 많이 줄일 것이므로 $\varepsilon(P)$가 비교적 클 것이다.

9. 필수재는 뭐고 사치재는 뭐야?

우리가 구입하여 소비하는 상품 중에는 생활에 꼭 필요해서 구입하는 상품도 있고, 꼭 필요한 것은 아니지만 소비하고 싶은 마음이 강해서 구입하는 상품도 있다. 우리는 일반적으로 전자를 필수재Necessities, 후자를 사치재Luxuries라 부른다. 이제 보다 자세하게 생각해 보자.

상품의 가격이 변할 때 상품의 소비량이 얼마나 변하는지를 나타내는 지표가 수요의 가격탄력성이다. 이와 마찬가지로 소비자의 소득이 변할 때 상품의 소비량이 얼마나 변하는지를 나타내는 개념도 있는데, 이것이 바로 수요의 소득탄력성income elasticity of demand이다. 즉, 우리의 소득이 늘어나거나 줄어들 때 상품의 수요량이 어떻게 반응하는지를 보여주는 것이 바로 수요의 소득탄력성이다. 이제 수요의 소득탄력성을 $\varepsilon(M)$으로 나타내자. 여기서 M은 소득Money을 의미한다. 그러면 $\varepsilon(M)$은 다음과 같은 식으로 표현할 수 있다.

$$\text{수요의 소득탄력성} = \frac{\text{수요량의 변화율}}{\text{소득의 변화율}} = \frac{\frac{\Delta Q}{Q}}{\frac{\Delta M}{M}}$$

우리는 소득이 늘어날 때 어떤 상품의 소비를 오히려 줄이는 경우가 있다. 즉, 소득에 여유가 별로 없을 때에는 소비하던 상품들이지만 소득이 늘어나서 여유가 생기면 그 상품들은 덜 소비하고 대신 다른 상품들을 소비하게 되는 경우가 있다. 경제학에서는 이런 상품들을 열등재inferior goods라고 한다.

필자가 어렸을 적을 생각해 보면, 한겨울 아침 골목에는 집들마다 다 태우고 난 연탄을 집 앞에 쌓아놓은 풍경이 있다. 그러나 이제 난방 연료나 조리용 연료로 연탄을 사용하는 경우는 극히 드문 시절이 되었다. 우리들의 소득이 늘어나면서, 불편하고 위험한 연탄이나 석탄의 소비는 줄이고, 보다 편리하고 안전한 연료를 사용하게 되었다. 여기서 연탄이나 석탄이 바로 열등재의 대표적인 사례이다.

수요의 소득탄력성으로 생각해 보면, 열등재는 소득의 변화와 소비량의 변화가 반대로 나타나므로 수요의 소득탄력성이 음(-)인 상품이다. 경제학에서는 $\varepsilon(M) < 0$인 상품을 열등재라고 규정한다.

그런데 우리가 소비하는 상품들 중에는 소득이 늘어날 때 그 소비량도 늘어나는 상품들이 훨씬 많다. 이처럼 소득이 증가할 때 그 소비량도 함께 증가하는 상품을 정상재normal goods라고 한다. 따라서 정상재는 $\varepsilon(M) > 0$인 상품이다.

그런데 정상재 중에서도 소득이 변화할 때 소비량이 그보다 더 많은 정도로 변화하는 정상재가 있는 반면, 소득이 변화할 때 그 소비량이 변화하기는 하지만 변화하는 정도가 매우 작은 정상재도 존재한다.

정상재 중에서 $0 < \varepsilon(M) < 1$인 정상재가 있다면, 이 상품은 소득이 증가할 때 그 소비량이 증가하기는 하지만 소득이 증가하는 정도에 비해 소비량이 증가하는 정도는 작은 상품이다. 이처럼 소득이 증가하거나 감

소하더라도 그 소비량의 변화가 크지 않은 정상재를 필수재Necessities라고 규정한다. 소득이 줄어들더라도 그 소비량을 줄이기가 매우 어려운, 생활에서 꼭 필요한 상품이 바로 필수재이기 때문이다. 쌀, 물, 밀가루 등이 대표적인 필수재이다.

반면, 정상재 중에서 $1 < \varepsilon(M)$인 정상재가 있다면, 이 상품은 소득이 증가할 때 그 소비량이 증가하는 정도가 비교적 큰 상품이다. 이처럼 소득이 증가하거나 감소할 때 그 소비량의 변화가 매우 큰 정상재를 사치재Luxuries라 한다. 사치재는 필수재와 달리 생활에 꼭 필요한 상품이 아니기에 소득에 여유가 생기면 "그동안 갖고 싶어 했던 그 상품을 구입해 볼까?" 하는 마음으로 그 소비량을 늘리지만 반대로 소득이 줄어들면 소비를 우선적으로 줄인다는 특징이 있다. 레저용품, 명품 악세사리 등이 대표적인 사치재이다.

$\varepsilon(M) < 0$	$\varepsilon(M) > 0$	
열등재	$0 < \varepsilon(M) < 1$	$\varepsilon(M) > 1$
	필수재	사치재

어떤 상품이 필수재인지 사치재인지는 그 상품의 수요량이 소득의 변화에 대해 얼마나 민감하게 반응하는지, 즉 수요의 소득탄력성($\varepsilon(M)$)으로 규정하고 구별한다. 그런데 일반적으로 필수재는 수요의 가격탄력성($\varepsilon(P)$) 역시 작은 편이고 사치재는 수요의 가격탄력성 역시 큰 편이다.

즉, 필수재의 소비량은 소득의 변화에 민감하지 않으면서 가격의 변화에도 민감하지 않다. 반면, 사치재의 소비량은 소득의 변화에 민감하면서 가격의 변화에도 민감한 편이다.

10. 기업들 사이에 경쟁이 치열하다? 그게 무슨 뜻이야?

경제학에서 자주 등장하는 단어 중 하나가 경쟁competition이라는 단어이다. 경쟁은 주로 상품을 생산하여 판매하는 기업들 사이에 발생하는 현상인데, "기업들 사이에 경쟁이 치열하다"는 것은 무슨 뜻일까?

기업의 가장 중요한 목표는 이윤profit을 많이 획득하는 것이다. 따라서 기업들 사이에 발생하는 경쟁은 기업들이 서로 더 많은 이윤을 획득하기 위해 하는 행동이다.

기업이 이윤을 증가시키려면 생산비용cost를 최소한으로 하면서 매출액revenue을 늘려야 한다. 그런데 기업의 매출액은 상품을 얼마의 가격(P)으로 얼마나 많이 판매(Q)하느냐가 결정한다. 따라서 상품의 판매량은 기업의 이윤에 굉장히 중요한 부분이다.

칫솔을 생산하여 판매하는 기업들을 생각해 보자. 칫솔을 생산하는 기업의 수가 많을수록 각 기업들은 경쟁이 치열해진다고 느낄 것이다. 왜냐하면, 칫솔을 구입하는 소비자들 입장에서 볼 때 이 칫솔 말고도 다른 칫솔들이 많이 있으므로 만약 이 칫솔이 마음에 들지 않는다면 쉽게 다른 칫솔을 구입하여 소비할 수 있기 때문이다. 즉, 칫솔을 판매하는 각 기업들 입장에서는 기업들의 수가 많을수록 자신이 판매하는 칫솔을 구입하는 소비자들이 언제든지 쉽게 다른 칫솔로 옮겨갈 수 있다고 느껴질 것이다.

판매되는 칫솔들이 얼마나 유사한 상품들인지도 기업들 사이의 경쟁에 영향을 미친다. 상당히 많은 수의 기업들이 칫솔을 판매하는 상황에서, 그 칫솔들이 얼마나 유사한지 아니면 반대로 각각의 특징이 뚜렷한지에 따라 기업들이 느끼는 경쟁의 정도는 달라진다. 이 칫솔과 저 칫솔이 모양이나 색상은 다르지만, 소비자가 칫솔을 사용할 때 느끼는 기능에 큰 차이가 없다면 이 칫솔이 아니어도 저 칫솔을 소비할 수 있으므로 각 기업들 입장에서는 경쟁이 치열할 것이다. 반대로 이 칫솔은 치아를 깨끗이 닦아내는 기능이 강한 반면 저 칫솔은 잇몸을 보호하는 기능이 강한 특징을 갖고 있다면, 이 칫솔의 단골 소비자들과 저 칫솔의 단골 소비자들은 쉽게 다른 칫솔로 옮겨가지 않을 것이다. 이것은 이러한 칫솔들을 판매하는 기업들 사이에 경쟁이 치열하지 않다는 의미가 된다. 즉, 판매되는 상품들이 비슷할수록 기업들 사이의 경쟁은 치열해지고, 반대로 상품들이 차별화될수록 기업들 사이의 경쟁은 약해진다. 극단적으로, "이 기업이 판매하는 상품 말고는 구입할 수 있는 상품이 없는 경우" 우리는 이를 독점monopoly이라 부르며, 독점기업은 경쟁을 할 기업이 없는 상황에서 상품을 판매하게 된다.

얼마나 많은 수의 기업들이 얼마나 비슷한 상품들을 판매하는지 이외에도, 새로운 기업들이 시장에 진입하는 것이 얼마나 원활한지도 기업들 사이의 경쟁에 영향을 준다. 칫솔을 생산하여 판매하려면 정부가 마련해 놓은 여러 자격 요건을 충족시켜야 한다. 예를 들어, 칫솔을 만드는 재료에 유해한 성분이 없어야 하고, 재활용이 가능한 재료를 일정 부분 의무적으로 사용해야 하고, 칫솔이 생산되는 공정에서 환경을 오염시키는 공해 물질이 많이 배출되면 안 되는 등 정부가 요구하는 조건을 충족시키는 기업만 칫솔 시장에 들어와서 판매를 할 수 있도록 하는 경우를 생각해 볼 수 있다. 이렇게 어떤 시장(또는 산업)에 들어가서 상품을 판매하려고 할 때 넘어야 하는 일종의 장애물을 경제학에서는 진입장벽 entry barrier 이라고 한다.

만약 칫솔 시장에 진입장벽이 없다면, 언제든지 새로운 기업들이 칫솔 시장에 들어와서 칫솔을 판매할 수 있으므로 기존의 칫솔 기업들은 이러한 잠재적인 진입기업들과의 경쟁도 느끼게 된다. 반대로 굉장히 높은 진입장벽이 칫솔 시장에 존재한다면, 기존의 칫솔 기업들은 이미 시장에 존재하는 다른 칫솔 기업들과의 경쟁만 경험하게 된다. 따라서 진입장벽이 낮을수록 기업들은 더 치열한 경쟁을 경험하게 된다.

만약 그 수를 헤아리기 어려울 정도로 많은 기업들이 칫솔 시장에서 모두 똑같은 칫솔을 생산하여 판매하고 있고, 칫솔 시장에는 진입장벽이 없어서 언제든지 새로운 기업들이 진입하여 칫솔 판매에 참여할 수 있으며, 소비자들은 어떤 칫솔 기업이 얼마의 가격으로 칫솔을 판매하고 있는지를 잘 알고 있다면, 이것이 우리가 상상할 수 있는 가장 치열한 경쟁의 상황일 것이다.

이러한 상황에서는 어떤 기업이 칫솔 하나를 생산하는 비용이 1,500원이라면 칫솔의 가격을 1,500원보다 높게 받는 것이 불가능하다. 예를 들어 칫솔의 가격이 2,000원이라면 이 기업은 칫솔 하나당 500원의 이윤을 남기게 되는데, 이러한 현상이 목격되는 순간 새로운 기업들이 칫솔 시장에 들어와서 칫솔 판매에 뛰어들게 되고, 이 과정에서 칫솔의 공급이 늘어날 것이므로 칫솔의 가격은 1,900원, 1,800원으로 하락하다가 결국 칫솔의 가격이 1,500원이 되어 더 이상 이윤을 얻는 것이 불가능해져야 새로운 기업들이 들어오지 않을 것이다. 즉, 칫솔 기업들은 간신히 생산비용을 충당할 정도의 매출액만 벌어들일 수 있을 정도의 치열한 경쟁을 하게 되는 것이다. 경제학에서는 이러한 경쟁을 완전한 경쟁perfect competition이라고 표현한다. 즉, 경쟁이 완전 치열하여 이보다 더 치열한 경쟁은 있을 수 없을 때를 완전한 경쟁 또는 완전경쟁이라고 표현한다.

11. 독점은 왜 규제해야 해?

"독점"이라는 단어에 대해 호감을 갖고 있는 사람은 거의 없을 것이다. 독점기업은 마치 공공의 적인 것 같은 이미지이다. 그렇다면 독점이 어떤 문제점을 만들길래 규제를 받아야 하는지 생각해 보자.

경제학에서 독점 monopoly 은, 시장에 유일한 기업이 존재하며 이 기업이 판매하는 상품 말고는 구입할 수 있는 상품이 없는 상황을 가리킨다. 그리고 이러한 상황 하의 시장을 독점시장이라고 부른다. A라는 상품을 대신할 수 있는 B라는 상품이 있을 때, 우리는 B를 A의 대체재라고 하는데, "이것" 말고는 쓸 만한 상품이 없다는 것은 "이것"의 대체재가 없다는 뜻이다. 이렇게 대체재가 없는 상품이 거래되는 시장을 독점시장이라고 생각하면 된다.

독점시장이 어떤 시장인지 떠올리면, 벌써 기업과 소비자 중에서 누가 더 우월한 입장에서 거래하게 될지 짐작할 수 있다. 소비자는 아쉬워도 이 상품 말고는 없으니까 써야 하고, 독점기업은 자신 말고는 이 상품을 공급할 기업이 없다는 것을 알고 있으니까 그 지위를 적극적으로 활용하려 할 것이다. 이 정도만 되어도 독점시장에서는 소비자가 불리한 입장이 될 가능성이 높다는 것을 짐작할 수 있다. 이제 보다 구체적으로 독점이 어떤 문제를 갖는지 생각해 보자.

경제학에서 독점시장과 자주 비교되는 시장이 완전경쟁 perfect competition시장이다. 경쟁이 완전하다는 것은 ① 기업들이 똑같은 상품을 생산하며, ② 소비자들은 어떤 기업이 어떤 상품을 얼마의 가격에 판매하고 있는지 정확히 알고 있고, ③ 어떤 기업도 상품의 가격을 자신의 의도대로 올리거나 내리거나 할 수 없으며, ④ 원하기만 하면 어떤 기업도 시장에 들어가 상품을 판매할 수 있는 상황을 의미한다. 이러한 시장이 현실에 존재하는 것은 불가능에 가깝다. 그런데 우리가 완전경쟁시장에 대해 생각하는 이유는 이 시장의 모습이 가장 "이상적인 시장"이라는 것에 있다. 즉, "완전경쟁시장이라면 이러할 텐데, 현실의 시장은 그렇지 못하네"라고 현실의 불완전경쟁시장이 만들어내는 결과를 평가하기 위해 완전경쟁시장을 생각하는 것이다.

경제학에서는 완전경쟁시장이 만들어내는 결과equilibrium를 효율적이라고 평가한다. 조금 더 구체적으로 설명하면 다음과 같다. 소비자들은 누구나 한계편익과 가격이 일치하는 수준까지만 소비하고 더 이상은 소비하지 않는다. 즉, 상품의 소비량은 $MB = P$에서 결정된다. 마찬가지로 기업의 생산량은 한계비용과 한계수입이 일치하는 수준에서 결정된다. 즉, 상품의 생산량은 $MC = MR$에서 결정된다. MR은 "상품을 하나 더 판매하면 생기는 판매 수입의 증가분"이다. 완전경쟁시장에서 활동하는 기업들은 자신이 상품의 판매를 늘리더라도 이것이 상품의 가격을 변화시키지 않는다고 생각한다.

예를 들어 $P = 2{,}000$원이고 이 기업이 $Q = 100$개를 판매하는 상황을 생각하자. 이때 이 기업은 "지금 판매 수입이 200,000원인데, 여기서 하나를 더 판매하면 그것도 2,000원의 가격으로 판매할 수 있을 테니까 판매 수입은 정확히 2,000원만큼 늘어나겠네"라고 생각할 것이다. 따라서 완전경쟁시장에서 판매하는 기업들에게 MR과 P는 일치한다. 기업은 MC와 MR이 일치할 때까지 생산하는데, 완전경쟁시장에서는 MR과 P가 동일하므로, 기업이 $MC = MR$에서 생산량을 결정하는 것은 $MC = P$에서 생산량을 결정하는 것과 동일한 이야기이다.

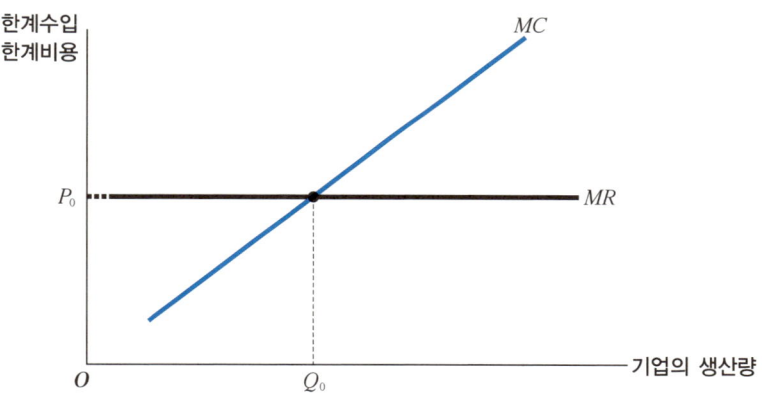

★ 시장에 상품을 판매하려고 나갔더니 상품이 P_0의 가격으로 거래되고 있고, 그 가격을 내가 변화시킬 힘이 없다면, 나는 Q_0만큼을 생산할 것이다.

이제 완전경쟁시장에서 만들어지는 결과를 정리하자. 소비자들은 $MB = P$가 되도록 소비량을 선택한다. 기업들은 $MC = P$가 되도록 생산량을 선택한다. 따라서 완전경쟁시장의 결과물은 $MB = P = MC$가 된다. 그런데 이게 왜 중요하냐고? 만약 어떤 시장이 만들어내는 결과가 $MB = P > MC$라고 가정해 보자. $MB > MC$라는 것은 만약 지금보다 상품을 하나 더 생산한다면 MC만큼의 비용이 더 들어가는 반면, 그것보다 더 큰

MB만큼의 추가적인 편익이 생길 수 있는 상황이라는 의미이다.

예를 들어 MB = 3,000원이고 MC = 2,500원이라면, 지금보다 하나를 더 만들어서 소비하면 MB와 MC의 차이인 500원만큼 순편익을 누릴 수 있게 된다. 그런데 그렇게 하지 않고 $MB > MC$에서 생산과 소비가 멈춰버렸다는 것은 추가적인 순편익을 누릴 수 있는 기회를 실현하지 않는다는 뜻이 된다. 따라서 이렇게 순편익을 만들어낼 여지가 더 이상 없어지는 상태, 즉 $MB = MC$가 실현되는 상태야말로 가장 효율적efficient인 상태라고 표현할 수 있다. 바로 이러한 효율적인 상태가 완전경쟁시장에서는 자동적으로 실현되는 것이다!

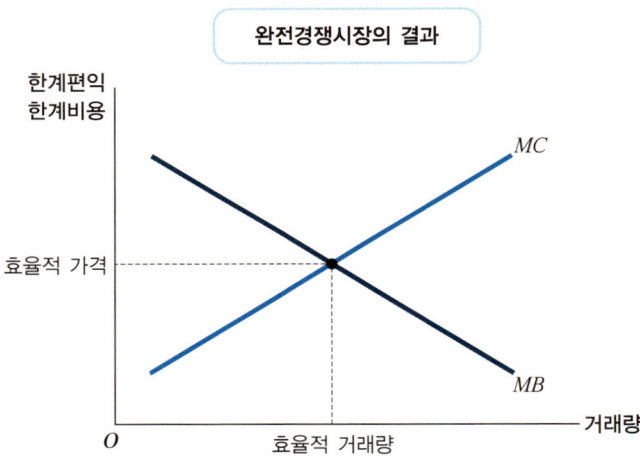

완전경쟁시장의 결과

어떤 상품이 독점기업에 의해 판매될 때 우리가 불만을 갖게 되는 가장 큰 이유는 너무 비싼 가격에 있다. 독점기업은 비싼 가격을 유지하기 위해 시장에 상품을 충분히 공급하지 않는다. 만약 그 상품시장이 완전경쟁시장이었다면 시장에 공급되었을 물량에 비해 독점시장에서는 공급 물량이 훨씬 적어지는 특징이 있다. 그렇다면 왜 독점시장에서는 공급량이 적고 가격이 비싼 것일까?

독점기업도 자신의 이윤을 극대화하기 위해 행동하는 것은 당연하다. 즉, 상품을 하나 더 생산할 때 발생하는 한계비용(MC)과 상품을 하나 더 판매할 때 경험하는 판매 수입의 증가분인 한계수입(MR)을 비교하여 생산량을 결정한다. 현재 독점기업이 상품 100개를 하나당 1,000원의 가격으로 판매하고 있다고 하자. 이것은 1,000원의 가격으로 판매될 수 있는 최대 수량이 100개라는 사실이기도 하다. 만약 상품을 1개 더 판매하고자 한다면 가격을 1,000원보다 내려야 한다. 예를 들어 가격을 995원으로 내리면 판매량이 101개로 증가한다고 하자. 자, 이제 계산해 보

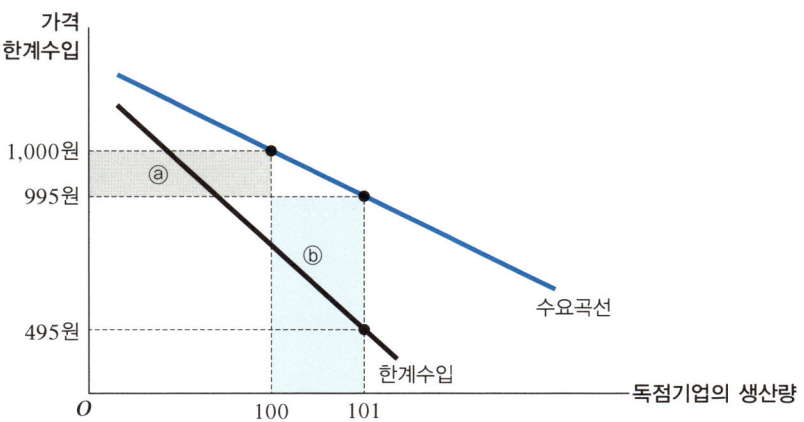

★ 판매량을 100개에서 101개로 늘리면 총수입은 ⓑ만큼 증가하면서 ⓐ만큼 감소한다.
ⓑ = 995원이고 ⓐ = 500원이므로, 총수입의 증가분은 495원이다.
즉, 101번째 상품이 판매됨에 따른 한계수입 = 495원이다.

자. 하나당 1,000원으로 100개를 판매하는 상황에서 총수입은 100,000원이다. 그런데 여기서 상품 1개를 추가적으로 더 생산하여 판매하게 된다면 새로운 총수입은 100,495원이 된다. 즉, 101번째로 판매되는 상품은 기업에게 995원을 추가적인 판매 수입으로 가져다주겠지만, 총 101개가 판매되도록 하려면 기존에 판매되던 100개의 가격도 995원으로 내려야 하므로 여기서 판매 수입이 500원만큼 감소하는 현상이 발생한다. 따라서 이 독점기업은 판매량을 100개에서 101개로 늘릴 때 판매 수입의 증가분인 995원과 판매 수입의 감소분인 500원을 함께 경험하므로, 이를 종합하면 판매 수입의 변화분은 995원 - 500원 = 495원이 된다. 이것을 조금 더 일반화하여 표현하면 N번째 상품이 P의 가격으로 판매될 때 이 N번째 상품이 발생시키는 총수입의 증가분, 즉 한계수입(MR)은 P보다 작다($P > MR$). 이것이 완전경쟁시장의 특징($P = MR$)과 다른 점이다.

    독점기업이 자신의 이윤을 극대화하기 위해 선택하는 생산량은 수요곡선과 MC가 만나는 생산량에 비해 적다. 그런데 수요곡선과 MC곡선이 만나는 생산량은 바로 이 시장이 완전경쟁시장이었다면 선택될 생산량이다. 따라서 독점시장에서의 생산량은 효율적인 수준에 비해 부족하다. 생산량이 충분하지 않으니까 가격은 상대적으로 비싸지게 된다. 이것이 독점시장의 특징이자, 우리가 독점기업에 대해 반감을 갖게 되는 이유이다.

    이처럼 독점시장에서 생산량은 충분치 않고 가격은 비싸므로 주로 소비자들이 불리한 입장에서 소비를 하게 된다. 또한 독점기업에게는 경쟁자가 없기 때문에 경쟁에서 살아남기 위한 노력도 불필요하다. 예를 들어 품질이나 기능이 개선된 신제품을 개발한다든가, 비용을 절감하기 위한 투자에 소극적인 모습을 보이게 되는데, 이러한 현상도 독점의 폐해라고 평가된다.

이러한 이유로 각국의 정부는 독점시장에 대해 매우 적극적으로 개입한다. 경쟁기업들이 합병하여 독점적 지위를 획득하는 것을 규제한다든지, 지나치게 비싼 가격으로 인해 소비자들이 피해를 보지 않도록 가격을 규제한다든지 여러 가지 방법을 통해 영향력을 행사하고 있다.

12. 용의자의 딜레마 상황이 뭐야?

우리는 종종 뉴스나 기사에서 용의자의 딜레마라는 표현을 만나게 된다. 용의자는 뭐고 딜레마는 또 무슨 뜻인가 궁금한 경험을 한 적이 있을 것이다. 용의자의 딜레마 게임은 경제학에서 매우 자주 등장하는 중요한 내용이므로, 간단하게 이야기해 보자.

용의자의 딜레마 상황은 수학자이면서 유명한 경제학자이기도 한 존 내쉬John Forbes Nash, Jr.(1928~2015년)가 게임이론을 설명하면서 본격적으로 활용되기 시작했다. 경제학에서 게임game은 어떤 한 사람이 그 결과를 마음대로 좌우할 수 없는 그런 상황을 가리킨다. 예를 들어 현지와 운재가 가위바위보 단판 승부로 점심값 내기를 한다고 하자. 현지의 입장에서는 "가위", "바위", "보" 중에서 무엇을 낼지를 선택해야 하는데, 여기서 "가위", "바위", "보"를 전략strategy이라 한다. 현지가 바위를 내기로 선택할 때, 운재가 세 가지 전략 중에서 무엇을 선택하는지에 따라 승자가 달라질 수 있다. 즉, 현지가 자신의 전략으로 "바위"를 선택하는 상황에서 운재의 전략이 무엇인지에 따라 현지는 승리를 할 수도, 패배를 할 수도, 아니면 무승부가 될 수도 있는 것이다. 이처럼, 어떤 경제주체가 무언가를 선택할 때 그것에 대한 다른 경제주체의 반응에 따라 결과가 달라지는 상황을 경제학에서는 전략적 상황strategic situations이라고 하며, 이를 줄여서 게임이라고도 한다.

용의자의 딜레마라는 이름은 게임에 등장하는 인물들과 게임의 상황을 나타낸다. 어떤 범죄를 함께 저지른 것으로 추정되는 두 사람이 있다. 아직은 이 두 사람이 범인인지 모르는 상황이기 때문에 용의자들suspects이라고 표현하자. 게임의 상황은 이렇다. 두 용의자 중에서 한 명이라도 자백을 하는 경우 혐의가 입증되어 벌금이 부과된다. 다만, 자백을 한 용의자는 벌금을 경감받을 수 있는 반면, 끝까지 부인을 하는 용의자는 괘씸죄가 적용되어 더 많은 벌금을 부과받게 된다. 두 용의자가 모두 자백을 하는 경우에는 두 사람 모두에게 벌금을 부과하지만, 두 용의자 모두 끝까지 부인한다면 자백을 받아내지 못한 관계로 벌금 중 일부만 부과할 수 있다. 이러한 상황을 정리한 표는 다음과 같은데, 이처럼 게임의 상황을 나타내는 표를 보수행렬pay-off matrix이라고 한다.

		용의자 B	
		부인	자백
용의자 A	부인	−50 , −50	−150 , −10
	자백	−10 , −150	−100 , −100

위의 보수행렬에서 앞의 숫자는 용의자 A의 이득, 뒤의 숫자는 용의자 B의 이득을 나타낸다고 약속하자. 만약 두 용의자 모두가 부인한다면 자백을 받아내지 못한 관계로 벌금의 일부인 50만 원씩 부과된다. 이것은 왼쪽 위의 상황cell이 보여준다. 반대로 두 용의자 모두 자백한다면 혐의가 입증되어 각각 100만 원씩 벌금을 납부해야 하는데, 이것은 오른쪽

아래의 상황이 보여준다. A는 자백했는데 B가 부인하면 A는 선처를 받고 B는 괘씸죄가 적용되어 A는 10만 원의 벌금을, B는 150만 원의 벌금을 부담하게 된다. 이것은 왼쪽 아래의 상황이 보여준다. 마지막으로, A는 부인하는데 B가 자백을 하면 A는 괘씸죄가 적용되어 150만 원의 벌금을, B는 선처를 받아 10만 원의 벌금을 부담하게 된다. 이것은 오른쪽 위의 상황이 보여준다.

이러한 상황에서 각 용의자는 부인과 자백 중에서 어떤 전략을 선택할까? 당연히 자신에게 더 많은 이득을 주는 전략을 선택할 것이다. 각 용의자에게 그러한 전략이 무엇인지 살펴보자.

용의자 A가 "부인"이라는 전략을 선택할 때 용의자 B가 "부인"을 선택하면 A의 벌금은 50만 원이 되고, 용의자 B가 "자백"을 선택하면 A의 벌금은 150만 원이 된다. 따라서 A가 "부인"을 선택하는 경우 벌금은 50만 원 또는 150만 원이 된다.

반면, 용의자 A가 "자백"을 선택할 때 B가 "부인"을 선택하면 A의 벌금은 10만 원이 되고, B가 "자백"을 선택하면 A의 벌금은 100만 원이 된다. 따라서 A가 "자백"을 선택하는 경우 벌금은 10만 원 또는 100만 원이 된다.

이상을 정리하면, 용의자 A의 입장에서 "부인" 전략보다는 "자백" 전략이 언제나 더 적은 벌금을 유발한다. 이처럼 상대방이 어떤 전략을 선택하는지와 관계없이 자신에게 늘 더 많은 이득을 가져오는 전략을 우월전략dominant strategy이라고 한다. 위의 게임에서는 두 용의자 모두 "자백" 전략이 자신의 우월전략이다. 그리고 당연히도 두 용의자는 모두 자신의 우월전략인 "자백"을 선택할 것이다. 그리고 이는 각 개인의 입장에서 볼 때 지극히 합리적인 행동임이 자명하다.

두 용의자가 모두 자백을 하면, 각 용의자는 100만 원의 벌금을 부담하게 되는데, 이때 그 왼쪽 위의 상황을 보면, 두 용의자의 벌금이 모두 줄어들 수도 있었음을 확인할 수 있다. 분명 각 개인의 입장에서는 합리적인 행동을 했는데, 이것이 가져오는 전체적인 결과는 최선의 결과가 아닐 수 있다는 것이 확인된다. 그리고 이러한 현상을 가리켜 용의자의 딜레마라고 표현한다. 정리하면, 경제주체들 사이의 협조적 행동(여기서는 끝까지 부인하는 것)을 통해 경제주체들 모두에게 이득이 되는 결과를 가져올 수 있는데도 그러한 협조가 이루어지지 못하는 현상이 바로 용의자의 딜레마 현상인 것이다.

용의자의 딜레마 현상은 경제학에서 매우 중요한 의미를 가진다. 즉, 시장경제 체제는 경제현상과 관련된 각종 의사결정을 개별 경제주체들에게 맡기는 시스템이라고 이야기한 것을 기억할 것이다. 개별 경제주체들이 모두들 합리적으로 행동하는 이상, 그러한 합리적 행동들이 모여서 만들어내는 전체적인(또는 집합적인) 결과 역시 합리적이고 바람직스러울 것이라는 기대를 하는 것이 일반적인데, 반드시 그렇지만은 않을 수도 있다는 것을 보여주는 것이 바로 용의자의 딜레마 현상이다.

Quiz

Q. 다음 표는 기업 A, B의 광고 여부에 따른 두 기업의 보수를 나타낸 것이다. 두 기업이 광고 여부를 동시에 결정할 때, 이에 대한 설명으로 옳은 것은? (단, 괄호에서 앞의 숫자는 기업 A의 보수, 뒤의 숫자는 기업 B의 보수이다)

		기업 B	
		광고	광고 안 함
기업 A	광고	(10, 10)	(20, 5)
	광고 안 함	(5, 20)	(15, 15)

① 이 게임의 우월전략균형과 내쉬균형은 다르다.
② 이 게임의 내쉬균형은 파레토 효율적이다.
③ 기업 A가 먼저 결정을 내리고 기업 B가 이를 관찰한 후 결정을 내리는 경우에도 각 기업의 결정은 변하지 않는다.
④ 이 게임이 2회 반복되면 파레토 효율적인 상황이 균형으로 달성될 수 있다.

[해설]
① 우월전략균형 : (S_A, S_B) = (광고, 광고)

② 이 게임의 내쉬균형인 (광고, 광고) 상황보다 두 경기자의 보수를 모두 증가시키는 전략의 짝인 (광고×, 광고×) 상황이 존재한다. 따라서 이 게임의 내쉬균형은 파레토 개선이 가능하므로 파레토 비효율적이다.

④

1회 게임

반복게임 ┬ 유한반복 ──→ 비협조적 전략 선택
         └ 무한반복 ──→ 협조적 전략 선택 가능성

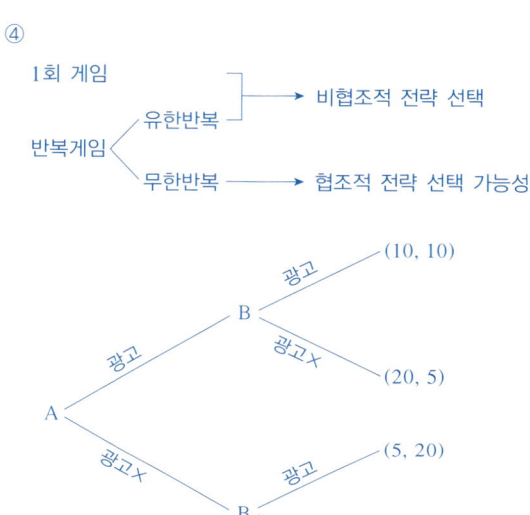

A가 먼저 선택하는 경우에도, A는 B가 광고 전략을 선택할 것을 예측하고 있기 때문에 A도 광고 전략을 선택하게 되며, 이때의 균형전략은 (광고, 광고)가 된다.

[정답] ③

13. 최저임금을 올리면 좋은 거 아니야?

그것이 칫솔 같은 상품이든 노동labor이나 자본capital과 같은 생산요소input factor이든 시장에서 거래될 때 가격이 만들어진다. 일반적으로 시장이 만들어내는 가격에는 그것에 대한 수요와 그것이 공급되는 과정에서 발생하는 비용이 반영된다. 그런데 우리는 정부가 가격을 규제하는 경우를 종종 목격하게 된다. 예를 들면, 신규 아파트가 분양될 때 가격이 일정 수준 이상으로 높아지지 못하도록 하거나, 사람들이 일해서 받는 임금wage이 일정 수준 이하로 내려가지 못하도록 하는 경우가 바로 그것이다. 우리는 전자를 최고가격제도 또는 가격상한제도price ceiling라 하고, 후자를 최저가격제도 또는 가격하한제도price floor라 한다.

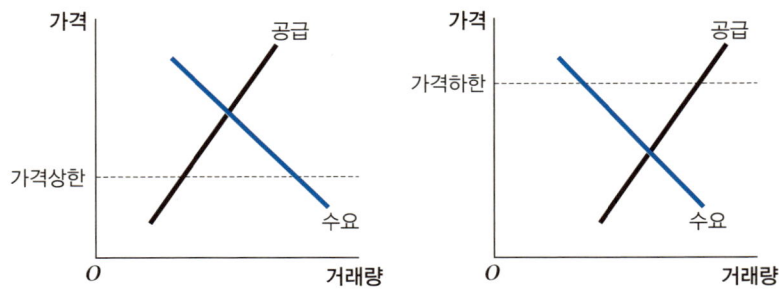

우리가 많은 관심을 갖고 있는 최저임금제도에 대해 생각해 보자. 다음의 그림에서 보듯이, 노동시장에서 일하고자 하는 사람들의 노동공급

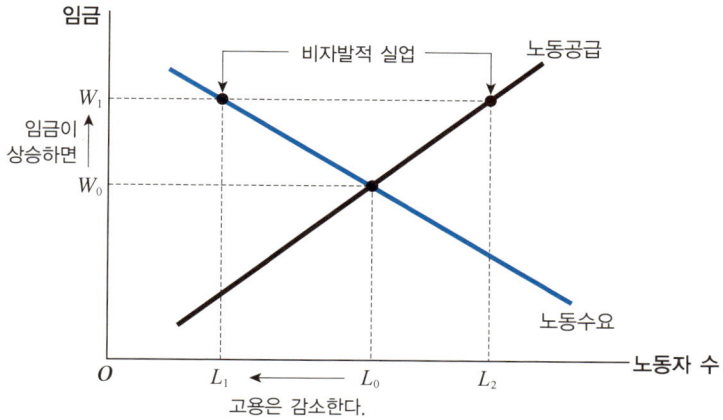

과 기업의 노동수요가 반영되어 균형임금 W_0가 형성되고 있는 상황이다. 이때 L_0명의 노동자가 기업에 의해 고용된다. 그런데 정부가 이러한 임금이 너무 낮다고 판단하여 W_0보다 더 높은 임금 수준 W_1을 최저임금으로 설정하여 이것이 적용되도록 하였다고 하자. 그러면 기업은 이전에 비해 너 비싼 임금을 지불하면서 직원을 고용해야 하므로 인건비 부담을 느껴 채용 인원을 줄일 가능성이 높다. 반면, 일단 채용되면 더 높은 임금 W_1을 받을 기회가 생기므로 일하려고 하는 사람들, 즉 노동의 공급은 오히려 늘어난다. 요약하면, 최저임금제의 도입은 노동의 공급을 증가시키는 반면 노동의 수요를 감소시키는 효과를 가져오고, 노동시장에서는 노동의 초과공급excess supply이 발생한다. 구체적으로는, 최저임금이 W_1 수준일 때, 일하고 싶어 하는 노동자는 L_2명인데 실제로 기업에 의해 채용되는 규모는 L_1명이다. 이는 $L_1 \sim L_2$만큼 실업자가 생긴다는 것을 보여준다. 이처럼 일하고자 하는 마음은 있는데 채용되지 못하는 실업자를 경제학에서는 비자발적 실업자involuntarily unemployed라고 한다.

노동자를 보호하기 위해 시행되는 최저임금제도가 기업의 채용 규모를 줄여서 일자리를 감소시키는 동시에, 일하고 싶은데 채용되지 못하는 실업자를 만들어낸다는 것은 역설적인 결과이다. 만약 정부가 최저임금을 W_1에서 더 올린다면 기업의 채용은 더욱 줄어들 것이고 실업자는 더욱 늘어날 것이다.

그런데 이러한 문제점이 예상되는데도 정부가 최저임금을 올리는 이유는 무엇일까? 그 이유 가운데 하나는 최저임금을 인상하면 오히려 고용을 증가시킬 수 있다는 주장에 있다. 수요독점적 노동시장에서 그런 효과가 발생할 수 있다는 것이 그 내용인데, 노동시장이 수요독점monopsony 상황이라는 것은 노동자를 고용할 수 있는 기업이 1개뿐인 상황을 가리킨다. 이러한 상황에서는 기업이 지니는 수요독점적 지위로 인해 고용량은 충분하지 않으면서 임금은 매우 낮은 결과가 발생한다. 노동자가 기업에게 만들어주는 수입은 300만 원인데 임금은 200만 원이라면 우리는 그 100만 원만큼의 차이를 수요독점적 착취monopsonistic exploitation라고 부른다. 이러한 착취를 최소화하기 위해 최저임금을 설정하거나 최저임금을 인상한다고 생각할 수 있다.

또한 노동자에게 지급되는 임금이 상승하면 이것이 노동자의 생산성이나 의욕을 증가시켜 결국에는 기업에게도 도움이 된다는 주장도 있다. 즉, 기업은 노동자에게 더 높은 임금을 선물로 주고, 노동자는 더 열심히 일하는 것으로 기업에게 선물을 준다는 접근인데, 이러한 이론을 경제학에서는 효율성 임금 이론efficiency wage theory이라 한다. 노동자들이 더 열심히 일해서 기업의 이윤이 증가하면 이를 통해 더 많은 노동자를 고용할 능력이 기업에게 생기므로, 장기적으로 보면 최저임금의 도입이나 최저임금의 인상이 오히려 일자리를 증가시키는 효과를 기대할 수 있다.

임금 주도 성장wage-led growth론을 제시하는 사람들은, 노동자의 임금 상승이 가계의 소득을 증가시키면 이것이 기업의 생산물을 더 많이 소비하게 만들어 기업의 이윤을 증가시킬 수 있다고 본다. 이렇게 증가한 기업의 이윤은 다시 기업의 투자 증가로 이어져 더 많은 일자리가 생기게 되는데, 이와 같은 흐름이 경제 전반에 긍정적인 선순환virtuous cycle을 촉발할 수 있다는 것이 이들의 주장이다.

최저임금의 적용을 받는 사람들은 대부분 저임금 미숙련unskillful 노동자들이다. 이들을 대상으로 최저임금의 인상이 시행될 때 과연 이것이 그들을 행복하게 만들어줄지는 여전히 논란이 존재하는 상황이다.

14. 왜 가로등 설치 비용을 부담하려는 사람이 없을까?

이 책을 읽고 있는 당신이 사용하는 핸드폰은 상당히 비싼 가격을 지불하고 구입한 상품이다. 게다가 그 핸드폰이 인기가 매우 많아서 구입하려는 사람들이 많았다면, 당신은 그 핸드폰을 구입하기 위해 오픈-런을 하거나 미리 구매 예약을 했을 수도 있다. 이처럼 우리가 구입하여 소비하는 상품들은 대부분 ① 대가를 지불해야 소비할 수 있고, ② 소비하려는 사람들이 많아질수록 내가 소비하는 것이 불편해진다. 우리는 전자를 배제성excludability이라 하고, 후자를 경합성rivalry이라 표현한다. 이렇게 대가를 지불해야 소비할 수 있고, 소비자가 많을수록 소비하기가 어려워지는 상품을 경제학에서는 사용재private goods라 표현한다.

사용재와 비교되는 재화로 공공재public goods라는 것이 있다. 사용재가 "대가를 지불하는 사람을 위해 생산되는 상품"이라면, 공공재는 "우리 모두가 함께 사용할 수 있는 상품"이라고 표현할 수 있겠다.

공공재의 대표적인 예로 가로등을 생각해 보자. 가로등이 설치되지 않아서 어두운 도로를 지나다니다가, 가로등이 설치되어 이전보다 밝아진 도로를 다니게 되면 우리는 여러 가지 혜택을 경험하게 된다. 교통사고가 줄어들고, 범죄의 발생 가능성이 줄어드는 것 등을 생각해 볼 수 있다. 그런데 가로등이 비추는 그 도로를 지나다니는 사람들이 늘어난다고 해서 그 혜택이 줄어들거나 사라지는 것은 아니다. 즉, 공공재는 그것을 소비하는 과정에서 경합이 발생하지 않는데, 이러한 특징을 비경합성$_{\text{non-rivalry}}$이라 한다.

그런데 이보다 더 중요한 공공재의 특징이 있다. 바로 비배제성$_{\text{non-excludability}}$이다. 가로등을 설치하기 위해서는 비용이 필요하다. 그런데 누군가가 그 비용을 부담하여 가로등을 설치한다면 그 비용을 부담하지 않은 사람들도 가로등의 혜택을 누리는 데 아무런 지장이 없다. 즉, 공공재는 그것을 생산하는 과정에서 발생한 비용을 부담하지 않는 사람이라 하더라도 소비로부터

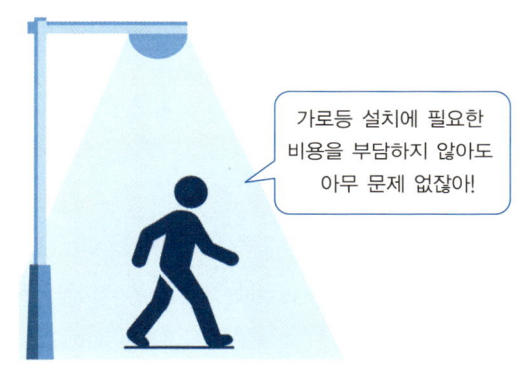

배제하지 않거나 또는 배제하는 것이 애초에 불가능하다. 이것이 비배제성이다. 공공재의 생산비용을 부담하지 않더라도 그 공공재가 제공하는 혜택을 누리는 것에 아무런 지장이 없다면 사람들은 과연 어떻게 행동할까? 경제학에서 중요한 가정으로 사용하는 합리성을 생각해 본다면 답은 어렵지 않다. 다들 비용은 부담하지 않으면서 혜택은 누리는 것이 지극히 합리적인 행동이다. 이러한 행태를 무임승차$_{\text{free-riding}}$라고 한다. 공공재가 갖는 특징인 비배제성 때문에 사람들은 애초에 가로등 설치 비용을 부담하려 하지 않을 것이므로 가로등이 설치되지 못하는 불행한 결과가 발생할 수도 있다.

이러한 문제 때문에 대부분의 공공재는 시장$_{\text{market}}$에 맡기는 대신 정

부가 생산하여 공급하는 경우가 많다. 이때 정부는 생산과 공급에 필요한 비용을 국민들로부터 징수하는 조세로 충당한다. 즉, 시장경제 체제가 효율적인 결과를 가져오지 못하는 대표적인 사례가 바로 공공재의 경우이다. 시장이 효율성을 달성하지 못하는 현상을 시장의 실패market failure라고 하는데, 공공재야말로 시장실패의 가장 대표적인 원인으로 꼽힌다.

Quiz

Q. 공공재에 관련된 설명으로 옳은 것은?

① 공공재는 사적재와 달리 개별 수요곡선을 수직 합하여 시장 수요곡선을 도출한다.
② 비경합성으로 인해 무임승차 현상이 나타난다.
③ 시장에서의 공급에 맡길 경우 과다공급의 문제가 발생할 것이다.
④ 공공재는 공공부문이 공급하는 재화를 말한다.
⑤ 개인의 무임승차 행위는 비합리적 행동이다.

[해설]
배제 불가능성으로 인해 무임승차 현상이 나타난다. 시장에 맡길 경우 과소공급의 문제가 생긴다. 무임승차 행위는 개인 입장에서 합리적 행동이다.

[정답] ①

15. 환경오염은 어떻게 해결해?

어느 마을에 커다란 강이 있다고 하자. 강의 하류에는 강을 삶의 터전으로 삼아 살아가는 마을의 주민들이 거주하고 있다. 이들은 강에서 낚시를 해서 자신들의 식재료로 사용하기도 하고, 시장에 판매하여 소득을 획득하기도 한다. 또한 이 강은 물이 매우 깨끗하고 경치도 좋아 많은 관광객이 찾는 명소이기도 하여 관광객들을 상대로 기념품도 판매하고 숙박업도 하여, 주민들의 중요한 수입원이 되기도 한다.

그런데 몇 년 전에 의류를 생산하는 공장이 강의 상류에 건설되었고, 이 공장이 의류를 생산하는 과정에서 사용하고 남은 폐염료를 강에 배출하는 것으로 확인되었다. 이로 인해 강물이 오염되기 시작했고, 하류의 마을 주민들은 이전에 비해 어획량이 줄어드는 경험을 하게 되었다. 더욱이 강에서 악취도 나기 시작하여 관광객의 발길이 끊기는 상황이 되었다.

강 상류의 공장이 의류를 생산하는 과정에서 강 하류의 주민들에게 물질적 피해를 유발하고 있는 상황인데, 경제학에서는 이러한 현상을 외부성externalities 또는 외부효과external effects 라고 한다. 어떤 경제주체의 경제행위가 의도치 않게 다른 경제주체에게 영향을 미치고 있는데도 그 영향에 대한 대가가 오가지 않을 때 외부성 또는 외부효과가 발생한다고 정의한다. 즉, 강 상류의 의류공장은 생산 과정에서 강 하류의 마을 주민들에게 부정적negative인 외부성을 유발하고 있는 상황이다.

이러한 현상 또는 효과를 왜 외부성이라고 표현할까? 누군가는 원인 제공자가 되고 누군가는 그에 따른 영향을 경험하는 입장이 될 때, 이해당사자 사이에 이와 관련된 대가가 오간다면 이해당사자 사이에 시장market이 형성된 것으로 해석한다. 그런데 이해당사자 사이에 대가가 오가지 않는다면 시장이 형성되지 않은 것이므로, 시장 바깥에서 벌어지고 있는 현상이라는 의미로 외부성이라는 표현을 사용하는 것이다.

외부성은 그 원인이 생산행위에 있는지 소비행위에 있는지에 따라 생산의 외부성production externality과 소비의 외부성consumption externality으로 구별한다. 따라서 외부성은 ① 생산의 긍정적 외부성, ② 생산의 부정적 외부성, ③ 소비의 긍정적 외부성, ④ 소비의 부정적 외부성으로 나타낼 수 있다. 긍정적 외부성이란 다른 누군가에게 이득을 주는 외부성이고, 부정적 외부성이란 다른 누군가에게 피해를 유발하는 외부성을 뜻한다. 예를 들어 어떤 사람이 흡연을 하는데 그 주변에 있는 사람이 담배연기로 인해 피해를 경험한다면 이는 소비의 부정적 외부성이 된다.

경제학에서 외부성이 중요한 주제가 되는 이유는 다음과 같다. 의류를 생산하는 기업은 의류를 생산할 때 추가적인 비용, 즉 한계비용(MC)을 경험하게 된다. 의류가 판매되는 시장이 완전경쟁시장이라고 가정하면 이 기업이 의류를 판매하여 획득하는 한계수입(MR)은 의류의 가격(P)과 일치할 것이다. 이 기업은 한계비용(MC)과 가격(P)이 일치하는 수준까지 의류를 생산하여 판매할 것이다.

그런데 이 기업이 의류를 생산하는 과정에서 강 하류에 있는 주민들

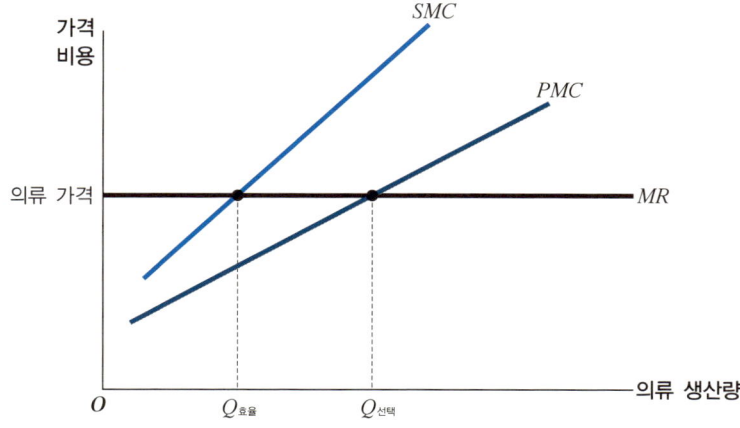

★ 의류회사는 의류를 $Q_{선택}$만큼 생산하려고 하는데,
사회적으로 효율적인 생산량은 $Q_{효율}$이다.

에게 피해비용이 발생한다. 이러한 피해비용을 외부비용externality cost 또는 사회적 피해social damage라고 표현한다. 중요한 것은 이 기업의 의류 생산 행위가 사회에 유발하는 비용은 이 기업이 개인적으로 부담하는 비용에서 그치지 않고 마을 주민들에게 발생하는 피해비용까지 포함한다는 사실이다.

더 자세히 생각해 보자. 이 기업이 100번째 의류를 생산하는 상황에서 20,000원의 한계비용이 발생한다고 하자. 그리고 이 100번째 의류가 생산되는 과정에서 마을 주민들에게 5,000원만큼의 피해비용이 추가로 유발된다고 하면 이것이 한계외부비용marginal externality cost ; MEC 또는 사회적 한계피해social marginal damage ; SMD이다. 따라서 이 기업이 100번째 의류를 생산하는 행위로 인해 이 사회가 경험하는 추가적인 비용, 즉 사회적 한계비용은 20,000원 + 5,000원 = 25,000원이 된다. 기업이 개인적으로 부담하는 한계비용을 개인적 한계비용private marginal cost ; PMC이라고 한다면 사회적 한계비용social marginal cost ; SMC은 개인적 한계비용보다 더 크다. 문제는, 의류기업이 의류의 생산량을 결정하는 과정에서 자신의 한계비용(PMC)만 고려할 뿐 사회적 한계비용(SMC)에는 관심이 없다는 점이다. 왜냐하면 자신과는 관련이 없는 일이라고 생각하니까.

만약 의류의 가격이 $P = 23,000$원이라면, 이 기업은 $PMC = 20,000$원을 부담하고 100번째 의류를 생산하여 100번째 의류로부터 3,000원의 이윤을 획득할 수 있으므로 생산하기로 결정한다. 그런데 사실 100번째 의류가 생산되는 과정에서 이 사회가 부담하는 비용은 $SMC = PMC + MEC = 25,000$원이다. 이는 의류의 소비자가 의류 소비로부터 느끼는 한계편익인 23,000원에 비해 더 큰 값이다. 즉, 100번째 의류를 생산하기 의해 사회가 부담하는 비용(25,000원)에 비해 그 의류를 소비함으로써 누리는 편익(23,000원)이 작다. 따라서 사회적 관점에서 생각하면 100번째 의류가 생산되는 것은 바람직하지 않은 것이다.

이처럼 외부성이 발생하는 상황에서는 시장이 만들어내는 결과가 효율적이지 않게 되는데, 이는 앞에서 살펴본 공공재와 더불어 외부성이 시장실패의 중요한 원인이 된다는 것을 보여준다.

우리가 현실에서 목격하는 대부분의 환경오염 문제는 생산의 부정적 외부성에 해당한다. 그리고 이렇게 환경을 오염시키면서 생산되는 상품들은 효율적인 수준에 비해 과다하게 생산되는 경향이 있다. 정부는 이러한 비효율성을 없애기 위해 여러 가지 방법을 사용한다. 여기서 중요하게 생각해야 할 것은 바로 정부의 목표가 기업의 생산량을 영$_0$으로 줄인다거나 오염물질의 배출을 금지하는 것이 아니라는 점이다. 정부의 목표는 생산량 또는 오염물질 배출량을 효율적인 수준으로 억제하는 것이다. 생산량이나 오염물질 배출량이 효율적인 수준에 비해 과다하면 비효율성이 발생하는 것처럼, 배출량이 효율적인 수준에 비해 과소해도 비효율성이 발생하기 때문이다.

오염물질의 배출을 엄격하게 금지하는 대신 상한선을 설정하여 그 수준까지는 허용하되 그 수준을 초과하지 못하도록 하는 방식의 규제를 하는 이유는 다음과 같다. 오염물질의 배출이 증가하면 그로 인한 피해가 증가한다. 이런 측면에서 보면 오염물질의 배출량은 적을수록 좋다. 그런데 오염물질의 배출을 줄이려면 정화abatement 과정을 거쳐야 하므로 여기서 정화비용이 발생한다. 즉, 오염물질의 배출을 감소시키는 과정에서도 비용이 발생하는 것이다. 정리하면, 오염물질 배출량이 증가하면 정화비용은 감소하는 반면 피해비용이 증가하고, 반대로 오염물질 배

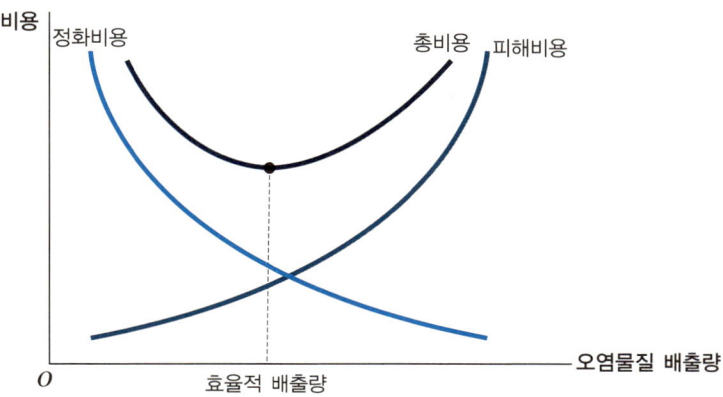

★ 오염물질 배출과 관련하여 발생하는 총비용이 최소화되는 배출량이 가장 효율적인 배출량이다.

출량을 줄이면 피해비용은 감소하는 반면 정화비용이 증가하게 된다. 따라서 오염물질 배출과 관련하여 발생하는 피해비용과 정화비용의 합이 최소화되는 배출량이 가장 효율적인 배출량이 된다. 정부의 목표는 바로 이 배출량 수준을 달성하는 것이지 배출을 금지하는 것이 아니다.

그렇다면 환경을 보호하는 방법에는 무엇이 있을까? 경제학에서 등장하는 경제주체는 오로지 자신의 물질적 이득을 극대화하는 것에만 관심이 있다. 따라서 이들이 물질적 이득을 추구하며 수행하는 행동을 적절하게 유인하여 환경오염의 문제를 해결할 수 있다고 본다. 정부가 기업에게 "이제 생산을 할 때마다 세금을 납부하시오"라고 명령한다든지 "이제 오염물질을 배출할 때마다 세금을 납부하시오"라고 하면, 기업은 생산에 따른 비용이 증가하여 스스로 생산을 줄일 것이고, 오염물질을 배출하려면 세금을 납부해야 하므로 오염물질의 배출을 스스로 줄이고자 할 것이다. 경제학에서는 이러한 조세를 피구세 Pigouvian tax 라고 한다.

정부가 기업에게 조세를 부과하는 것 말고도 방법이 있다. 코즈 정리 Coase theorem 에서는 외부성과 관련된 이해당사자 사이의 자발적인 협상과 거래를 통해 외부성으로 인한 비효율이 시정될 수 있다고 본다. 즉, 앞의 예에서 문제가 되는 것은 강의 소유권이 규정되어 있지 않다는 점이다. 만약 강의 소유권이 의류기업에게 있다면 의류공장이 강을 더럽히면서 의류를 생산하더라도 이것은 자신의 재산권 행사이므로 마을 주민들은 의류공장의 배출행위를 금지할 수 없다. 다만 마을 주민들이 의류공장을 찾아가서 의류공장에게 배출량을 줄여줄 것을 제안할 수 있을 뿐이다. 이때 의류공장은 배출량을 줄이는 데 들어가는 정화비용에 대한 보상을 원할 것이고, 마을 주민들은 피해가 감소하므로 보상할 용의가 있을 것이다. 따라서 양자 간 협상을 통해 의류의 생산량과 오염물질 배출량이 효율적인 수준으로 줄어들 수 있다.

반대로 강의 소유권이 마을 주민들에게 있다면 어떠할까? 이번에는 마을 주민들이 강 상류에 있는 의류기업의 생산을 금지하고 있을 것이다. 이것 역시 마을 주민들의 정당한 재산권 행사이다. 이때 의류공장은 마을 주민들을 찾아가서 자신의 생산을 허용해 줄 것을 제안한다. 그런데 강 상류에서 의류기업이 생산을 하면 강이 오염되어 마을 주민들에게 피해가 발생하므로 마을 주민들은 이에 대한 보상을 요구할 것이다. 한편 의류기업은 생산이 허용되면 이를 통해 이윤을 획득하는 것이 가능하므로, 자신의 이윤 중 일부를 마을 주민들이 요구하는 보상에 사용할 수 있다. 따라서 양자 간 협상을 통해 의류의 생산량과 오염물질 배출량이 효율적인 수준에서 형성될 수 있다.

이처럼, 외부성의 문제를 해결하는 과정에서 정부는 법이나 제도를 통해 소유권을 명확하게 확립하는 수준에서 자신의 역할을 제한하고, 그 이후에는 이해당사자들의 자발적인 협상을 통해 문제를 해결할 수 있다고 본 것이 코즈 정리의 내용이다.

> **코즈**
> 코즈(Ronald Harry Coase)는 1910년 런던에서 태어났다. 1951년 런던대학에서 박사학위를 받은 뒤 미국으로 이민하여 1951년부터 1958년까지는 버팔로

대학, 1958년부터 1964년까지는 버지니아대학에서 교수로 재직하였다. 1964년에 시카고대학으로 자리를 옮긴 뒤 1979년까지 재직하였다.

코즈는 1991년에 노벨 경제학상을 수상하였는데, 그의 주요 업적은 2개의 논문에 잘 나타나 있다. 1937년 11월 *Economica*에 실린 논문 '기업의 본질'은 기업이 존재하는 이유를 이론적으로 밝힌 논문이다. 1960년 10월에 *Journal of Economics*에 게재된 '사회적 비용의 문제'는 외부경제 문제를 해결하는 데 매우 유용하게 활용되는 논문으로 유명하다.

16. 정보의 비대칭?

우리의 하루는 끊임없는 선택의 연속이다. 오늘 출근길은 막힐까? 어느 길로 가야 덜 막힐까? 점심 메뉴는 뭐로 할까? 장바구니에 넣어 놓은 상품들 중에서 어떤 것을 구매할지 오늘은 결정을 해야 하는데 무엇이 좋을까?

우리는 선택을 할 때 그 선택이 나의 물질적 이득을 최대화하는 선택이 되기를 바라며, 그런 선택이 될 수 있도록 하려고 많은 정보를 수집한다. 그런데 모든 사람들이 동일한 정보를 바탕으로 선택을 하는 것도 아니고, 사람들마다 이용할 수 있는 정보의 내용이나 정보량에도 차이가 있다. 예를 들어 A와 B가 거래를 하는 상황에서 A는 충분한 정보를 보유한 반면 B에게는 정보가 부족한 상황이 생길 수 있다. 이렇게 거래 당사자 사이에 정보가 불균등하게 존재하는 상황을 정보의 비대칭information asymmetry이라 한다.

어떤 기업이 은행에서 대출을 받아 사업에 투자하려는 상황을 생각해 보자. 기업은 50억 원의 자금이 필요하여 은행에 대출을 신청하게 되었다. 이때 은행이 걱정하는 것은 돈을 빌려 간 기업이 이를 제대로 갚지 못하는 상황이 발생하는 것이다. 따라서 은행은 돈을 빌리려는 기업이 빌려 간 돈을 제대로 상환할 만한 능력을 가진 기업인지 심사를 할 것이다. 돈을 제대로 상환할 능력이 없는 기업과 대출거래를 하게 된다면, 이는 은행의 입장에서 볼 때 바람직하지 않은 특성을 가진 기업과 거래하게 되는 현상이 초래되는 것이다.

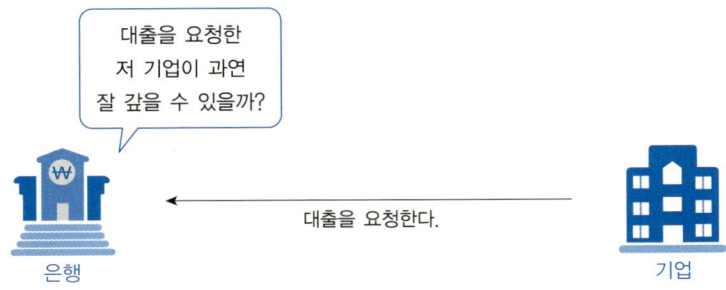

★ 은행은 돈을 잘 갚을 수 있는 능력을 가진 기업과 거래하고 싶어 한다.

이처럼 상대가 어떤 특성(여기서는 기업의 채무 상환 능력)을 갖고 있는지 잘 모르는 상황에서, 바람직하지 않은 특성을 지닌 상대방과 거래하게 되는 현상을 경제학에서는 역선택adverse selection이라 한다. 은행은 역선택을 경험하지 않기 위해 기업이 돈을 갚을 능력을 충분히 갖고 있는지를 심사하는데, 이를 선별screening이라 한다. 예를 들어, 기업의 대차대조표balance sheet나 손익계산서income statement 등을 요구하는 것이 그러한 행동이다. 이때 기업이 자신의 자산을 부풀리거나 부채를 축소하여 대차대조표를 작성하고, 매출액을 과장하고 비용을 축소하여 손익계산서를 작성하는 등의 분식회계accounting fraud, window-dressing settlement를 하기도 하는데, 이러한 행위를 방지하기 위해 우리나라에서는 외부감사제도external audit를 도입하고 있다.

이제 은행이 나름대로 심사한 결과, 이 기업이 자산 규모도 충분하고 손익 구조도 괜찮다고 판단하여, 기업이 제출한 사업계획서대로 자금이 집행되는 것을 조건으로 하여 50억 원을 연年 5%의 이자율로 대출하기로 결정한 상황을 생각하자. 그러면 기업은 50억 원을 사업에 투자하여 획득하는 연 수익 중에서 2.5억 원을 은행에게 이자로 지불하고 남은 순수익을 자신의 것으로 획득하게 될 것이다. 이때 기업은 자신이 손에 쥐게 되는 순수익이 더 많아지기를 바란다. 이로 인해 기업은 당초 은행에 제출했던 사업계획서상의 투자안이 아닌, 그보다 더 많은 수익을 창출할 것으로 기대되는 용도로 자금을 사용하려는 유인이 발생한다. 그런데 더 많은 수익이 기대되는 투자일수록 위험도 더 많은 것이 일반적이다. 이를 고수익-고위험high return-high risk이라 표현한다. 기업이 더 많은 순수익을 누리기 위해 이러한 행위를 한다면, 이는 은행의 입장에서 볼 때 바람직하지 않은 행동이다. 은행이 기업에게 바라는 행동은 "당초 사업계획서에 설명한 대로 연 5%의 이자를 부담할 만큼의 수익을 만들어내는 비교적 안전한 투자안에 자금을 집행하는 것"이다. 즉, 은행은 기업이 빌려 간 자금으로 얼마나 많은 수익을 만들어내는지에 대해서는 관심이

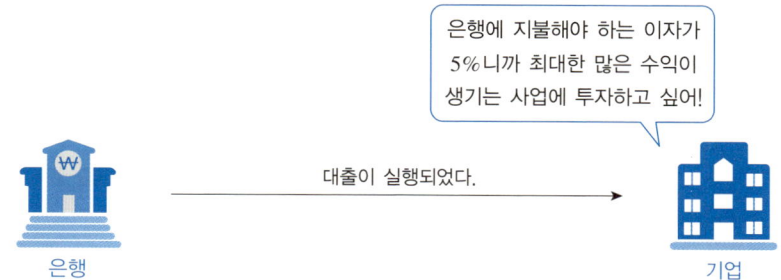

★ 기업은 원래 은행과 했던 약속과 달리 수익이 더 많이 발생할 수 있는 더 위험한 사업에 투자하려고 한다.

없다. 약속된 이자만 정상적으로 지급받으면 되기 때문이다.

　이처럼 행동(여기서는 기업이 대출받은 자금을 어디에 사용하는지)에 관한 정보가 비대칭적으로 존재하는 상황에서 정보가 부족한 측(여기서는 은행)의 물질적 이득에 해를 끼치는 행동을 상대방(여기서는 기업)이 하는 현상을 도덕적 해이moral hazard 또는 본인-대리인 문제principal-agent problem라 한다. 상대방의 행동에 관한 정보가 부족한 입장에서는 이런 문제를 최소화하기 위한 대응책을 마련할 것이다. 예를 들어, 은행은 기업에 대한 대출액이 일정 수준을 초과하는 경우 그 자금이 당초의 계획대로 사용되는지를 감시하기 위해 해당 기업에 사외이사 등을 파견하는 등의 조치를 취한다.

Quiz

Q1. 도덕적 해이(moral hazard)의 예로서 가장 적절한 것은?

① 화재보험에 가입한 후에는 화재예방의 노력을 증가시킨다.
② 환경보호운동에 참여하지 않더라도 그 운동의 효과를 누릴 수 있다.
③ 암보험에는 암에 걸릴 확률이 높은 사람이 가입하는 경향이 있다.
④ 노동자는 실업기간이 길어지면 구직을 위한 노력을 포기한다.

[해설]
도덕적 해이란 정보를 가진 자가 정보를 갖지 못한 자의 입장에서 볼 때 바람직하지 않은 행동을 하는 것을 말한다. 예를 들어, 보험 가입 후에 가입자가 주의의무를 성실히 하지 않음으로써 사고율을 높여 보험회사에 손해를 입히는 경우가 그 예이다. ④에서 실업기간이 길어지면 실업자가 스스로 벗어나기 위한 노력을 해야 하는데 오히려 반대로 그러한 노력을 덜하게 됨으로써 실업보험금을 지급하는 당국에 불리하게 되는 도덕적 해이의 문제가 발생한다.

Q2. 다음 중 역선택에 관한 설명이 아닌 것은?

① 사고 확률이 높은 운전자가 자동차보험에 주로 가입하는 현상
② 재무적 곤경에 처한 기업이 높은 이자를 지불하고서라도 은행에서 대출을 받는 현상
③ 중고차 시장에서 품질이 낮은 중고차가 거래되는 현상
④ 기업이 은행에서 대출받은 자금으로 위험한 사업에 투자하는 현상

[해설]
④는 도덕적 해이와 관련된 현상이다.

[정답] Q1. ④ Q2. ④

CHAPTER **02**

움직이는 커다란 산 같은 경제

1. 미시경제학은 뭐고 거시경제학은 뭐야?

지금까지의 이야기들은 대부분 어떤 소비자나 어떤 기업의 선택에 관한 내용이었다. 이처럼 개별 의사결정 주체가 어떤 경제행위를 하게 되는지를 분석하는 분야를 미시경제학microeconomics이라 한다.

반면, 환율은 왜 오르락 내리락 하는지, 경기는 왜 좋았다가 나빴다가 하는지 등을 공부하는 분야를 거시경제학macroeconomics이라 한다.

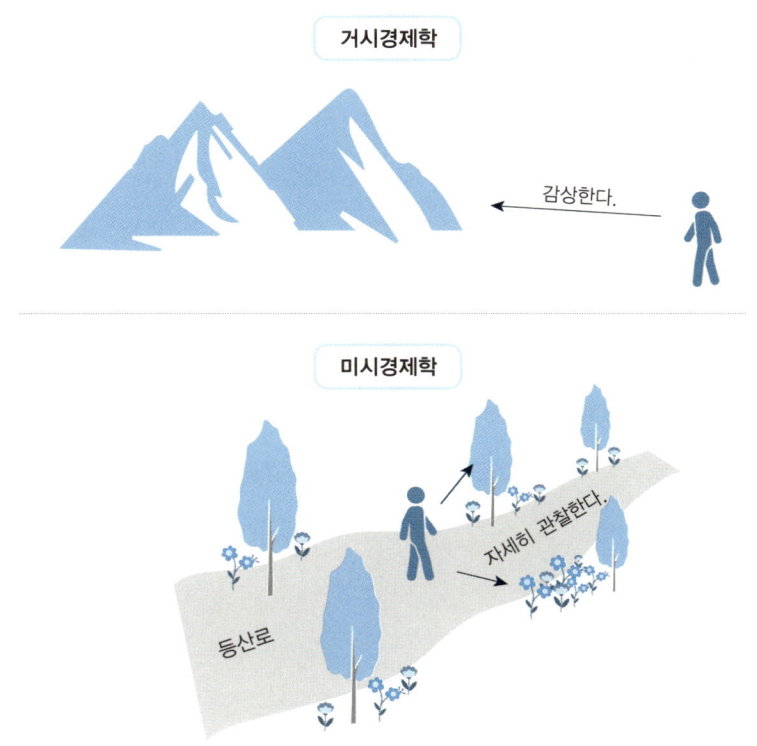

즉, 거시경제학은 그 분석 대상의 스케일이 매우 크다.

현지가 날씨 좋은 어느 휴일에 등산을 하러 가는 상황을 생각해 보자. 기차를 타고 산 앞의 역으로 향하고 있는데, 저 멀리 현지가 등산하려는 산이 보이기 시작한다. 산의 전반적인 색감이 짙은 녹색인지 아니면 여러 가지 꽃들로 덮여 형형색색인지, 등산하려는 방향이 가파른지 완만한지가 눈에 들어올 것이다. 이처럼 멀리서 그 산의 분위기를 조망하는 것이 거시경제학에 가깝다. 자, 이제 역에 도착하여 드디어 등산로에 들어섰다고 하자. 등산로를 따라 산을 오르면서, 걸어가는 주변에 어떤 꽃들이 피어 있는지, 옆을 지나가는 나무들은 어떤 종류인지, 등산로가 울퉁불퉁한지를 관찰하고 느끼는 것이 미시경제학에 가깝다.

한마디로, 거시경제학은 국민경제의 총체적 움직임macroeconomic aggregate movements을 분석하는 분야이다. 여기서 국민경제의 총체적 움직임은 경기변동business fluctuations과 경제성장economic growth을 가리킨다. 경기변동은 국민경제의 활동이 활발하기도 하고 위축되기도 하는 반복적인 현상을 말하며, 경제성장은 국민경제의 총생산량이 꾸준히 증가하는 현상을 말한다.

즉, 거시경제학에서는 이러한 경기변동과 경제성장이 왜 발생하며 우리가 더 행복하게 살아가려면 어떤 경제정책을 펼치는 것이 좋을지를 연구한다.

2. 경기변동은 뭐고 경제성장은 뭐야?

각종 뉴스에서 자주 등장하는 단어가 GDP이다. 이는 Gross Domestic Product의 약자로, 국내총생산이라고 표현한다. GDP는 1년 동안 한 국가에서 생산된 최종생산물의 가치를 모두 더한 값이다. 예를 들어 A국이 1년 동안 생산물을 1,000개 생산하였는데 이것의 시장가격이 1,000원이라면 A국의 GDP는 1,000,000원이 된다.

우리는 GDP를 국민소득이라고 표현하기도 하는데, 이는 GDP가 1,000,000원일 경우 이것이 생산되는 과정에 참여한 국민들에게 나누어 줄 수 있는 몫이 1,000,000원과 일치하기 때문이다.

그런데 여기서 생각해 볼 것이 있다. 작년에 A국은 생산물을 1,000개를 생산하였고 이 생산물의 가격이 800원이었다면 작년의 A국 GDP는 800,000원이었을 것이다. 그런데 올해도 생산량이 여전히 1,000개인데, 생산물의 가격이 1,000원으로 상승한다면 GDP가 1,000,000원으로 증가한 상황이다. 국민들에게 나누어 줄 몫이 800,000원어치에서 1,000,000원어치로 증가하기는 하지만, 막상 국민들이 손에 쥐는 생산물의 개수는 작년과 동일하게 1,000개이다. 문제는 국민들은 자신의 몫이 얼마치인지가 아니라 몇 개인지에 더 큰 관심을 갖는다는 점이다.

여기서 바로 명목GDP$_{\text{nominal GDP}}$와 실질GDP$_{\text{real GDP}}$를 구별해야 하는 이유가 생긴다. 즉, A국의 총생산량이 1,000개로 불변인 이상 국민들에게 나누어 줄 수 있는 생산물의 개수도 여전히 1,000개로 그대로일 것이므로, 사실상 국민들은 삶이 더 넉넉해졌다고 느끼지 못할 것이다. 이것이 실질GDP이다. 위의 예에서 A국의 명목GDP가 800,000원에서 1,000,000원으로 증가했지만, 실질GDP는 1,000개에서 불변이었다. 우리에게 중요한 것은 명목상 GDP가 아니라 실질GDP, 즉 총생산량이다.

한 국가의 실질GDP가 꾸준히 증가하는 현상을 경제성장이라고 표현한다. 아래의 그림은 각 연도의 총생산량을 2020년의 가격을 기준으로 환산한 실질GDP의 추이를 나타내고 있다.[1]

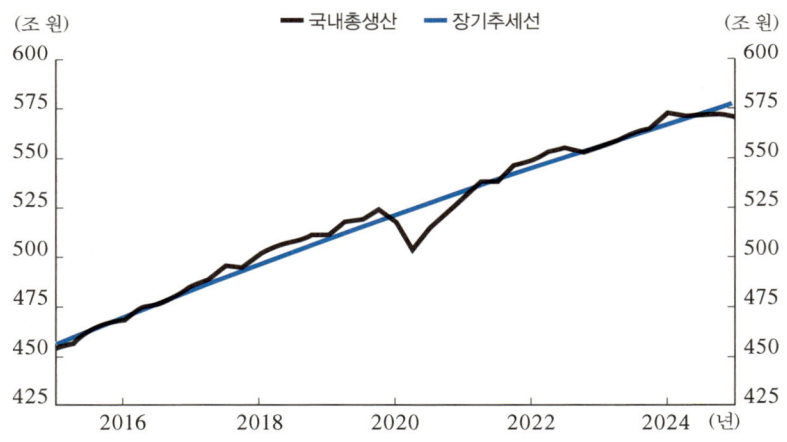

예를 들어 P를 가격이라 하고 Q를 생산량이라 할 때, 2018년의 실질GDP는 $P_{2020} \times Q_{2018}$으로 계산되고, 2022년의 실질GDP는 $P_{2020} \times Q_{2022}$으로 계산된다. 즉, 생산물의 가치를 측정할 때 적용하는 가격을 어떤 기

---

[1] https://snapshot.bok.or.kr/dashboard/C1, 한국은행 금융/경제 스냅샷

준년도의 가격으로 고정시킨 채 생산량의 변화만 측정하는 것이다. 따라서 2020년도의 불변가격을 기준으로 산출하는 2022년의 실질GDP인 $P_{2020} \times Q_{2022}$는 "2022년에 생산한 생산물들은 2020년도였다면 이 정도의 가치가 된다"로 해석할 수 있다.

그런데 다음 그림을 보면 실질GDP가 우상향하는 매끈한 직선을 타고 증가하는 것이 아니라 그 선을 기준으로 위에 있을 때도 있고 아래에 있을 때도 있다. 우상향하는 직선을 장기추세선이라 할 때 한 국가의 실질GDP가 그 선을 기준으로 반복적으로 증감을 나타내는 현상을 경기변동이라고 표현한다. 아래의 그림은 경기변동의 내용을 보여주고 있다.[2]

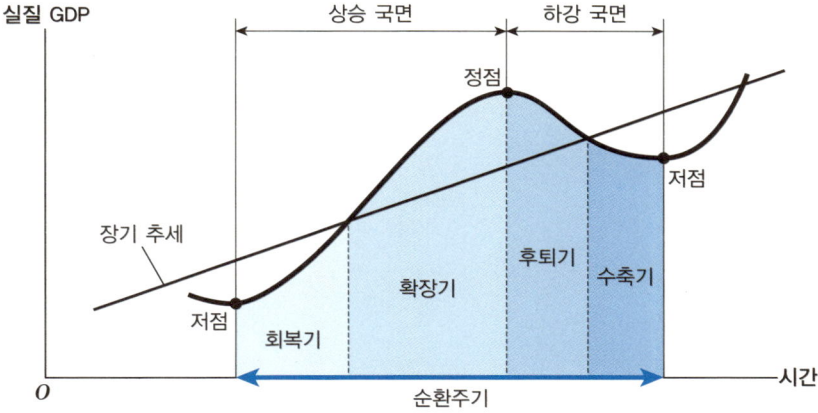

경기 상승 국면은 회복기와 확장기로, 경기 하강 국면은 후퇴기와 수축기로 구별한다. 생산과 소비 같은 경제활동은 회복기에 점차 개선되기

---

[2] https://eiec.kdi.re.kr/material/pageoneView.do?idx=1841, KDI 경제교육/정보센터

시작해 확장기에 가장 활발해지고, 후퇴기에 접어들면서 약화하기 시작하다가 수축기를 지나며 저점에 도달한다. 일반적으로 경제활동이 활발할 때를 호황economic boom, 경제활동이 침체될 때를 불황economic recession이라 표현한다.

3. 월급이 늘어나서 행복할 줄 알았어. 월급 빼고 다 오르네?

　유명한 경제학자인 케인즈John Maynard Keynes(1883~1946)는 사람들이 명목소득의 증가를 실질소득의 증가로 착각하는 경우가 많다는 것을 지적하면서, 이러한 현상을 화폐환상money illusion이라 표현하였다. 예를 들어 저번 달 현지의 월급이 300만 원이었는데 이번 달 월급이 330만 원으로 증가한다면, 이는 명목상 소득nominal income이 증가하는 것이다. 이때 중요한 것은 그 월급으로 얼마나 많은 상품들을 구입할 수 있는지이다. 저번 달에 상품들의 평균적인 가격(이것을 물가수준이라고 한다)이 1만 원이었다면 저번 달의 구매력purchasing power은 300만 원을 1만 원으로 나눈 300개이다. 이것을 실질소득real income이라 생각하면 된다. 그런데 저번 달에서 이번 달로 넘어오면서 상품들의 가격이 10% 상승하였다고 하자. 그러면 이번 달의 실질소득은 330만 원을 1만 1천 원으로 나눈 값인 300개가 된다. 다시 말해, 손에 쥐고 있는 돈으로 얼마나 많은 상품들을 구입할 수 있는지가 바로 실질소득이라고 생각하면 된다. 즉, 명목소득은 증가했지만 이것을 물가수준으로 나눈 실질소득은 증가하지 않은 셈이다. 만약 현지가 물가의 상승을 알아차리지 못하고 있다면 명목소득의 증가를 실질소득의 증가라고 착각하게 되는데, 이것을 케인즈는 화폐환상이라고 표현한 것이다.

　우리에게 중요한 것은 실질소득인데, 관찰되는 소득은 명목소득이므로, 현재의 물가수준이 어느 정도인지는 우리에게 굉장히 중요한 관심사이다.

노동자들의 입장을 대변하는 노동조합labor union과 기업이 임금 수준을 두고 협상하는 과정은 매우 치열하다. 임금 협상 과정에서 노조는 노동자의 생산성이 증가하는 부분을 명목임금의 상승으로 보상받고자 할 뿐 아니라, 물가수준이 상승하는 상황에서 노동자들의 실질소득(또는 실질임금)이 감소하는 것을 방지하기 위해 물가 상승을 반영하는 명목임금을 요구한다.

물가수준이 꾸준히 상승하는 현상을 경제학에서는 인플레이션inflation이라 한다. 그리고 물가수준이 상승하는 비율을 인플레이션율inflation rate 또는 물가상승률이라 한다. 예를 들어 작년 이맘때쯤 물가가 대략 1만 원 정도였는데 지금은 1만 1천 원이라면, 전년 동기 대비 물가상승률은 10%이다.

그렇다면 물가수준은 왜 상승하는 것일까? 케인즈와 더불어 유명한 경제학자인 프리드먼Milton Friedman(1912~2006)은 "인플레이션은 언제 어디서나 화폐적 현상Inflation is always and everywhere a monetary phenomenon"이라 설명하였는데, 이는 물가의 상승이 통화량의 증가로부터 발생한다는 해석이다. 물가가 상승한다는 것은 쉽게 말해 상품들의 가격이 전반적으로 비싸진다는 의미이다. 예를 들어 X라는 상품의 가격이 1,000원에서 2,000원으로 상승하는 상황을 생각해 보자. 예전에는 1,000원으로 X를 1개 구입할 수 있었는데, 이제는 1,000원으로 구입할 수 있는 X는 0.5개로 줄어든다. 즉, 물가가 상승하는 것은 화폐의 가치가 감소하는 것을 의미한다.

물가의 상승이 화폐가치의 감소라면, 화폐의 가치는 언제, 왜 감소하는 것일까? 시장에서 거래되는 것의 가격은 수요와 공급의 상호작용에 의해 결정된다. 어떤 상품이 공급에 비해 수요가 더 많으면 그 상품은 구하기 어려운 상품이 되어 가격이 비싸진다. 반대로 어떤 상품이 수요에 비해 공급이 더 많으면 그 상품은 흔한 상품이 되어 가격이 저렴해진다. 이때 가격price은 곧 그 상품의 가치value를 나타낸다고 생각하자. 화폐도 마찬가지이다. 물가의 상승이 화폐가치의 하락을 의미한다면, 이는 화폐의 공급이 증가하는 과정에서 발생하는 현상일 것이다. 화폐는 화폐를 발행하여 공급할 수 있는 권리를 독점적으로 갖고 있는 중앙은행에 의해 경제에 공급된다. 경제에 유통되고 있는 화폐의 양을 통화량money supply, currency volume이라 하는데, 물가가 상승하는 근본적인 원인은 통화량의 증가에 있다는 것을 이제 알 수 있을 것이다.

경제학에서 통화량과 물가 사이의 관계를 설명할 때 자주 등장하는 식이 있다. 바로 화폐수량설Quantity Theory of Money ; QTM이라는 이름의 가설hypothesis이다. 이 가설은 고전학파 경제학자로 알려진 어빙 피셔Irving Fisher(1867~1947)에 의해 정립되었다고 알려져 있는데, 그 내용은 다음과 같다. 일정 기간 동안의 상품 거래액이 1,000,000원이라면 그 기간 동안 거래 과정에서 지불수단으로 사용된 화폐의 지불액도 1,000,000원으로 동일할 것이다. 이를 $MV = PT$로 표시한다. 여기에서 P는 물가수준, T는 상품 거래량, M은 통화량, V는 화폐의 유통속도를 의미한다. 화폐의 유통속도는 일정 기간 동안 화폐가 거래의 지불수단으로서 몇 번 사용되는지를 나타낸다.

이제 이 식을 해석해 보자. 현재 유통되고 있는 화폐의 양이 $M =$ 100,000원이라 하자. 즉, 1만 원권 지폐 10장이 경제에 돌아다니고 있다. 거래되는 상품은 $T = 20$개이고, 상품의 가격은 $P = 50,000$원이라 하자. 그러면 상품의 거래액은 $PT = 1,000,000$원이 된다. 그렇다면 1만 원권 지폐 한 장으로 1,000,000원어치의 거래에 대응하는 과정에서 각 화폐는 총 10번 사용될 것이다. 이것이 화폐의 유통속도 V이며, $V = 10$이 된다. 따라서 $MV = PT$는 반드시 성립하는 항등식 identity 이다.

T = 상품의 거래량(20개)

P = 상품의 가격(50,000원)

M = 사용되고 있는 화폐의 양(1만 원권 총 10장)

V = 화폐의 유통속도(사용 횟수)

거래액 = $P \times T$ = 50,000원 $\times$ 20개 = 1,000,000원

화폐가 사용되는 횟수 = $\dfrac{1,000,000원}{100,000원}$ = 10번

그런데 여기에 다음의 두 가지 가정을 적용해 보자. 첫째, 상품의 거래량이 상품의 생산량과 일치하고, 상품의 생산량이 매우 안정적이다. 둘째, 한 경제가 화폐를 거래 과정에서 지불수단으로 사용하는 횟수가 쉽게 변하지 않는다. 즉, 화폐의 유통속도는 매우 안정적이다. 이러한 두 가지 가정을 앞에서 등장한 식 $MV = PT$에 적용하면, "M이 변화할 때 P가 함께 변화한다"는 결론이 도출된다. 이러한 주장 또는 가설을 화폐수

량설이라 한다. 이에 따르면 일국의 물가수준은 통화량에 의해 결정된다. 프리드먼의 "인플레이션은 언제 어디서나 화폐적 현상"이라는 주장은 화폐수량설의 내용을 집약적으로 나타낸 표현이다.

① $M \times V = P \times T$
② V와 T가 일정하다면
③ M이 증가할 때(통화량이 늘어날 때)
④ P는 상승한다(물가는 상승한다).

다음 그림은 통화량과 물가수준의 관계를 보여주고 있는데, 우리가 예상했던 대로 둘 사이에는 정(+)의 상관성이 뚜렷하게 목격된다.

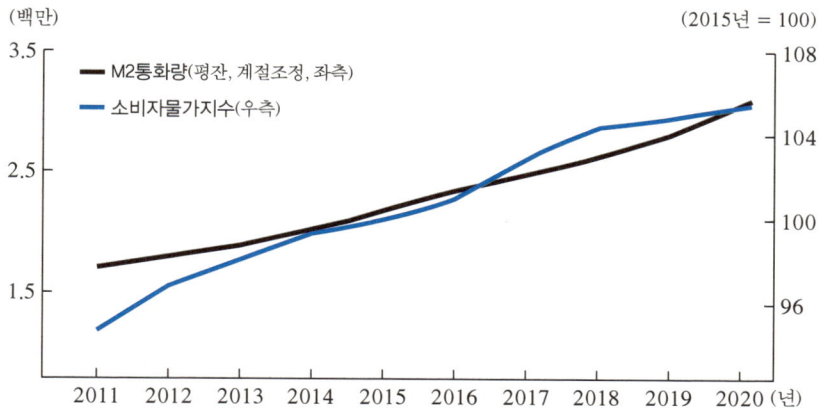

그렇다면 어떤 국가가 심각한 인플레이션에 시달리고 있는 경우 인플레이션을 둔화시키기 위한 방법은 무엇일까? 그 대답은 어렵지 않게

찾을 수 있을 것이다. 물가수준의 지속적인 상승 현상인 인플레이션은 근본적인 원인이 통화량의 지속적인 증가에 있으므로, 통화량 증가율이 낮은 수준에서 안정적으로 유지될 때 인플레이션도 낮은 수준에서 유지될 수 있다. 즉, 돈을 찍어내는 독점적인 권한을 가진 중앙은행이 지나치게 많은 돈을 찍어내지 않아야 물가수준이 지나치게 빠른 속도로 상승하는 현상을 방지할 수 있을 텐데, 이를 위해서는 중앙은행의 가장 중요한 목표가 물가수준의 안정이 되도록 해야 한다.

4. 실업률은 알겠는데 고용률은 또 뭐지?

뉴스를 보면 물가상승률 못지않게 자주 등장하는 지표가 바로 실업률unemployment rate이다. 실업률이 높다는 것은 실업자의 비율이 높다는 의미이므로 노동시장의 고용 상황이 좋지 못하다는 신호로 해석된다. 그렇다면 실업률은 어떤 기준으로 계산되는 것일까?

먼저, 전체 인구를 다음과 같이 분류해 보자.

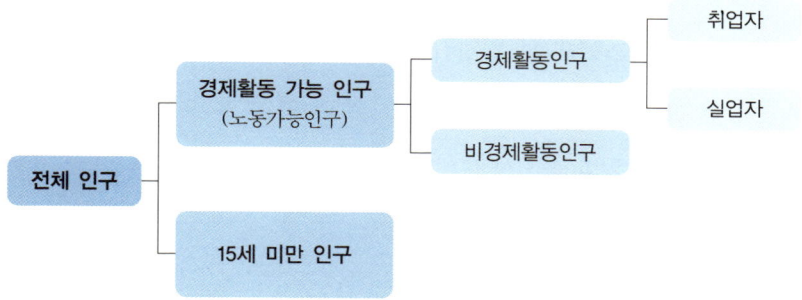

15~64세 인구를 노동가능인구working-age population 또는 경제활동 가능 인구라고 규정한다. 이들을 일할 능력을 갖춘 사람들이라고 간주한다는 것이다. 이때 일할 능력을 가진 사람들이라고 해서 모두 일할 의사를 가진 것은 아니다. 경제활동 가능 인구 중에서 일할 의사를 가진 사람들을 경제활동인구economically active population, labor force라고 규정한다. 반대로 경제활동 가능 인구 중에서 일할 의사가 없는 사람들을 비경제활

동인구economically inactive population, not in the labor force라고 한다. 일할 의사와 능력을 모두 가진 사람이라 하더라도 모두 취업하여 일을 하고 있는 것은 아니다.

우리는 경제활동인구를 취업자와 실업자로 분류하는데, 취업자로 분류되는 사람은 소득 획득을 목적으로 조사대상 주간 1주일 동안 1시간 이상 일한 사람이다. 일반적으로 취업자라고 하면 사업체에 출근하거나 자기 사업을 하면서 1주일에 5일 이상 일하는 사람을 생각하기 쉬운데, ILO국제노동기구 기준에 따르면 근로 형태를 가리지 않고 소득 획득을 목적으로 1주일 동안 1시간 이상 일했다면 모두 취업자로 분류된다.

그렇다면 누가 실업자로 분류될까? 실업자는 조사대상 주간에 소득 획득을 목적으로 일을 한 경험이 없으며, 조사대상 주간을 포함한 지난 4주 동안 적극적으로 일자리를 찾아보았고, 만약 일이 주어진다면 즉시 일할 수 있는 능력과 여건이 구비된 사람으로 정의된다.

실업률은 다음과 같이 정의된다.

$$실업률 = \frac{실업자}{경제활동인구} = \frac{실업자}{취업자 + 실업자}$$

예를 들어 취업자의 수가 96명, 실업자의 수가 4명이라면 실업률은 $\frac{4}{96+4} = 0.04 = 4\%$가 된다. 종종 청년 실업률이라는 표현이 등장하기도 하는데 이것은 다음과 같이 계산된다.

$$청년 실업률 = \frac{만\ 15세 \sim 만\ 29세의\ 실업자}{만\ 15세 \sim 만\ 29세의\ 경제활동인구}$$

실업률은 전체 경제활동인구 중에서 얼마나 많은 사람들이 일자리를 획득하지 못한 채 실업 상태에 있는지를 나타내므로, 노동시장의 고용 상황과 밀접한 관련을 가진다. 그런데 실업률 지표가 갖는 문제점이 있다. 바로 구직단념자 또는 실망실업자 discouraged worker의 문제이다. 구직단념자는 오랜 기간 동안 직장을 찾다가 실패하여 구직 활동을 포기한 사람으로, 지난 1년 동안 구직 활동 경험이 있지만 결국 일자리를 얻지 못하여 지난 4주 동안 구직 활동을 하지 않은 사람이다. 이들은 실제로는 실업자에 해당하지만 일하고자 하는 의사를 상실한 사람들이므로 경제활동인구에서 벗어나 비경제활동인구에 포함된다. 따라서 이들은 고용 통계에서 실업자로 분류되지 않는다. 이는 공식적인 실업률 통계가 실업률을 과소 측정하는 요인이 된다.

위의 예로 다시 돌아가 보자. 4명의 실업자 중에서 2명이 구직을 단념하여 비경제활동인구로 이동하는 경우 실업률은 $\frac{2}{96+2} \approx 0.02 =$ 2%로 감소한다. 2명의 구직단념자는 실질적으로는 여전히 실업자인데도 실업률은 감소하는 착시 현상이 생기는 것이다. 오랜 기간에 걸친 구직 활동에도 일자리를 얻지 못했다는 것은 노동시장의 고용 상황이 오히려 좋지 않아졌다는 의미일 수도 있는데, 이러한 사정을 모르는 상황에서 실업률이 감소한 것만 목격하게 된다면 실제와는 다른 해석을 하는 문제가 생길 수도 있다.

통계상 실업률의 이러한 문제로 인해 노동시장의 고용 상황에 관한 해석을 보다 정확히 하기 위해 고용률 employment rate, employment to population ratio이라는 지표를 함께 측정하고 있다. 고용률은 다음과 같이 계산된다.

$$고용률 = \frac{취업자}{경제활동 가능 인구}$$

앞의 예로 다시 돌아가자. 4명의 실업자 중에서 2명이 구직단념자가 된다 하더라도 이들은 여전히 실업자인데, 통계상 실업률은 감소하는 착시현상이 나타난다고 확인했다. 이때 고용률은 어떻게 될까? 4명의 실업자 중에서 2명의 실업자가 경제활동인구에서 비경제활동인구로 이동하더라도 이것은 경제활동 가능 인구 안에서의 이동이다. 즉, 경제활동 가능 인구는 불변인 셈이다. 그리고 취업자의 수 역시 96명에서 그대로이다. 따라서 통계상 실업률은 감소하지만 고용률은 변함이 없다. 여기서 확인해야 할 것이 있는데, 바로 고용률은 실업률의 반대되는 개념이 아니라는 것이다. 실업률이 unemployment rate이고 고용률이 employment rate이니까 둘은 서로 반대되는 개념인 것으로 착각할 수 있는데, 전혀 그렇지 않다. 지금 보는 것처럼, 실업률이 감소하는데도 고용률은 불변일 수 있다.

우리는 실업률과 고용률을 함께 확인함으로써 노동시장의 고용 상황에 대한 보다 정확한 해석을 할 수 있다. 만약 실업률은 감소하면서 고용률은 증가하는 현상이 목격된다면 이것은 노동시장의 고용 상황에 대한 좋은 신호로 해석해도 된다. 그러나 지금처럼 실업률이 감소하는데도 고용률이 증가하지 않고 불변이거나 오히려 감소하는 현상이 발생하면, 우리는 노동시장의 상황에 대해 신중하게 접근할 필요가 있다.

5. 내수? 그게 뭐야?

뉴스를 보면 "내수가 부진하다" 혹은 "내수가 회복되고 있다"는 표현이 종종 등장한다. 내수가 뭘까? 내수_內需, domestic demand_는 국내에서 발생하는 수요의 줄임말이다. 즉, 우리나라에서 생산되는 상품이 우리나라에서 얼마나 많이 판매되는지를 보여주는 개념이다.

먼저 가계의 소비수요_consumption demand_가 내수의 중요한 부분을 차지한다. 가계는 소득 중 세금을 낸 나머지로 소비를 하거나 저축을 할 수 있다. 세금을 내고 난 나머지 소득을 처분가능소득 또는 가처분소득_disposable income_이라고 하는데, 가처분소득이 증가하면 일반적으로 소비가 증가하는 경향이 있다. 우리가 소비자로서 옷을 구입하고 자동차를 구입하는 행위가 바로 내수 중에서 가장 큰 비중을 차지하는 가계의 소비수요이다.

가계의 소비와 더불어 기업의 투자수요_investment demand_도 내수를 구성하는 중요한 부분이다. 거시경제학에서 투자는 주로 기업이 자신의 공급능력을 확대하기 위해 공장의 규모를 증가시킨다든가 기계설비를 추가로 설치하는 등의 행위를 가리킨다. 물론, 경우에 따라서는 의도적으로 재고의 보유량을 증가시키는 행위도 포함한다. 전자를 가리켜 고정투자_capital investment_, 후자를 가리켜 재고투자_inventory investment_라고 표현한다. 기업의 고정투자를 중심으로 생각해 보자. 청바지를 생산하는 A기업이 있다. A기업의 공장에는 10대의 청바지 염색기계가 가동 중인데, 염색기계를 2대 더 설치하려고 한다. 그러면 A기업은 염색기계를 생산하는 B기업에게 2대를 주문하여 구입해야 한다. 이러한 현상이 A기업에게는 투자지만 B기업에게는 자신이 생산하는 상품에 대한 수요의 증가로 나타난다. 따라서 기업의 투자는 가계의 소비와 함께 내수의 한 부분을 이루게 된다.

가계의 소비수요(일반적으로 C로 표현한다), 기업의 투자수요(일반적으로 I로 표현한다)와 함께 내수를 이루는 것이 정부의 소비수요이다. 즉, 정부 역시 가계나 기업과 마찬가지로 경제활동을 영위하는 과정에서 상품을 소비하게 되는데, 이것을 정부소비government consumption 또는 정부지출government expenditure이라고 표현한다. 엄밀히 따진다면 정부지출에는 정부소비뿐만 아니라 국민들에게 무상으로 제공하는 각종 보조금 지출transfer expenditure과 국채에 대한 이자비용 지출interest on government debt이 포함되므로, 정부지출은 정부소비를 포함하는 더 넓은 개념이다. 그러나 정부의 지출 중에서 정부소비가 차지하는 비중이 높기 때문에 정부소비를 정부지출(일반적으로 G로 표현한다)로 표현하는 경우가 많다.

한 국가가 다른 국가와 거래하지 않는 폐쇄경제closed economy라 가정하자. 그러면 이 국가에서 생산되는 상품에 대한 수요는 이 국가 내에서만 발생할 것이다. 상품에 대한 총수요를 ADaggregate demand라 할 때 $AD = C + I + G$로 나타낼 수 있다. "내수가 살아나고 있다", "내수가 위축되었다"고 표현할 때 내수는 바로 총수요(AD)를 나타내는 개념이다.

이를 그림으로 나타내면 다음과 같다.

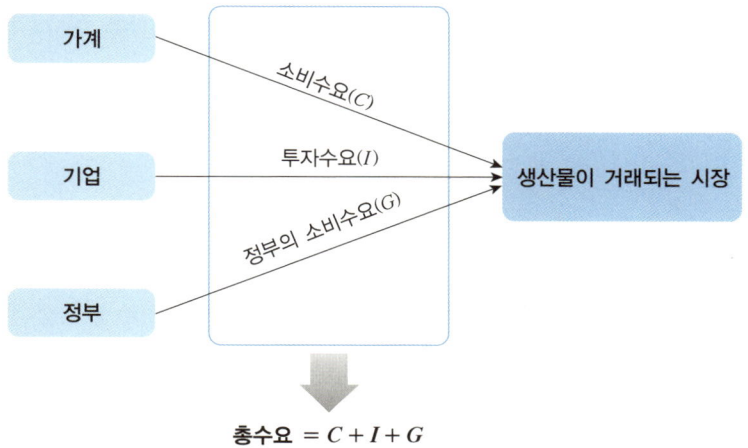

6.   내수가 왜 중요해?

　　어떤 기업이 이번 달에 1,000개의 상품을 생산하는 상황을 생각해 보자. 그런데 만약 상품에 대한 주문량이 900개라면 1,000개의 상품 중에서 100개의 상품은 판매되지 못하고 창고에 재고로 쌓일 상황에 직면한다. 이때 이 기업은 선택지가 두 가지이다. 첫째, 가격을 인하해서라도 1,000개의 상품이 다 팔리도록 하는 것이다. 그러면 이 기업은 재고의 증가를 경험하지 않으므로 다음 달에도 1,000개의 판매량을 유지할 수 있을 것이다. 둘째, 상품의 가격을 인하하는 대신 다음 달부터 생산량을 900개로 줄이는 것이다. 그러면 더 이상 재고가 증가하지 않을 것이라고 생각한다. 지금 이 책을 읽고 있는 독자는 현실의 기업들이 두 선택지 중 어떤 것을 선택할 것이라고 생각하는가?

---

① 이번 달에 1,000개를 생산했는데
② 주문량이 900개밖에 안 된다면
③ 가격을 낮춰서 1,000개를 모두 판매하거나
④ 가격을 낮추지 않는다면 창고에 100개의 상품이 재고로 쌓인다.
⑤ 다음 달에도 주문량이 900개일 거라고 예상한다면
⑥ 다음 달 생산량을 800개로 줄인다.

상품의 공급과 수요가 불일치하여 초과공급이나 초과수요가 발생하면, 가격이 신축적으로 변동하여 수요와 공급이 일치하는 상태를 신속하게 회복하게 된다는 생각은 위의 예에서 첫 번째 경우에 해당한다. 이렇게 가격의 신축성price flexibility을 가정하여 경제현상을 설명하려는 거시경제학의 조류를 고전학파 경제학classical economics이라 한다. 가격변수가 신축적으로 조절되기 때문에 공급되는 상품들은 모두 수요될 수밖에 없다고 생각하며, 이러한 생각은 "공급은 수요를 창출한다Supply creates its own demand"는 표현으로 등장하기도 한다. 거시경제학에서는 이러한 주장을 고전학파의 세이의 법칙Say's Law이라고도 한다.

위의 예에서 두 번째 경우에 해당하는 생각을 했던 대표적인 경제학자가 바로 케인즈였다. 케인즈는 세계 대공황Great Depression이라는 극심한 경제 불황을 설명하면서, 만약 기업들이 첫 번째 선택지를 선택하였다면 생산이 감소하지 않았을 것이고, 노동시장에서 기업들의 고용이 줄어들 이유가 없었을 것이므로 대규모의 실업이 발생하지 않았어야 했다고 생각했다. 그러나 이와는 달리 대공황 당시 기업들의 생산은 매우 큰 폭으로 감소하여 공장의 가동률이 매우 낮았던 점, 노동시장에서 약 25% 수준의 실업률이 나타난 점 등을 강조하면서, 기업들은 오히려 두 번째 선택지를 선택했을 가능성이 높다고 생각하였다. 즉, 케인즈는 우리가 살아가는 현실이 가격의 신축성보다는 가격의 경직성price rigidity에 더욱 가깝다고 주장하였다.

가격의 경직성이 존재하는 현실경제에서 기업들이 얼마나 많이 생산하게 될지는 얼마나 많이 생산할 수 있는 잠재력을 갖고 있는지에 의해 결정되는 것이 아니라, 얼마나 많이 수요되는지에 의해 결정된다는 것이 케인즈의 주장이었다. 즉, 일자리가 줄어들고 실업률이 상승하는 것은 노동시장에서 기업들이 이전에 비해 노동력을 덜 필요로 하기 때문인데, 이는 기업들의 생산량이 이전에 비해 줄어들었기 때문이다. 기업들의 생산량이 이전에 비해 줄어든 것은 생산의 잠재력 자체가 줄어들어서라기보다는 기업들이 생산하여 판매하려는 상품에 대한 수요가 줄어들었기 때문이라는 것이다. 생산량이 늘어나야 생산에 참여한 사람들에게 더 많은 몫을 나누어 줄 수 있고, 이것이 결국 사람들의 소득 증가로 나타나는 것인데, 이를 위해서는 상품에 대한 수요가 늘어나야 한다.

이처럼 국민들이 얼마나 많은 소득을 누리게 되는지가 수요에 의해 큰 영향을 받는다는 케인즈의 주장을 유효수요원리the theory of effective demand라 한다. "수요가 있어야 공급이 생긴다"는 유효수요원리는 세이의 법칙과 상반되는 주장이라는 것을 알 수 있다.

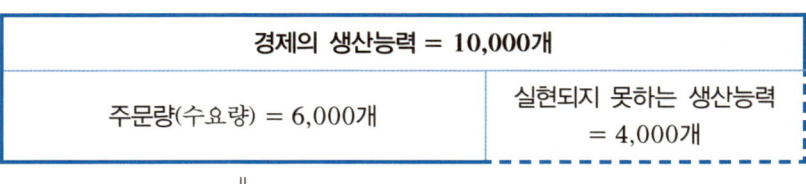

케인즈의 유효수요원리를 받아들인다면, 한 국가의 생산량이 증가하여 국민소득이 증가하기 위해서는 총수요가 증가해야 한다. 대공황 당시를 생각해 보면, 실업자가 급증하여 가계의 노동소득은 급격히 감소하였

고 이것은 가계의 소비지출을 급격히 감소시켰다. 소비지출의 감소는 곧 기업의 판매량 감소를 의미하는데, 이 과정에서 기업들은 재고가 급격히 증가하는 경험을 하면서 생산량을 줄여나갔다. 생산량이 줄어드는 과정에서 기업들의 노동에 대한 수요는 줄어들었고, 이것은 또다시 실업자를 만들어내는 악순환이 계속된 것이다.

이러한 악순환을 끊어내기 위한 근본적인 대책이 총수요의 증가에 있다고 본 사람이 케인즈이다. 앞에서 공부했듯이, 총수요는 $AD = C + I + G$이므로, C와 I가 감소한 상황에서 정부가 소비를 증가시켜 G를 늘린다면 총수요는 다시 회복될 것이고, 이것이 기업들의 생산을 다시 증가시켜 더 많은 노동자들이 일자리를 갖게 된다면, 가계의 소득이 증가하여 소비지출이 증가하고, 이것은 다시 기업의 판매량을 증가시켜 경제 불황에서 벗어날 수 있다.

이처럼 총수요, 즉 내수가 줄어들면 경제활동이 위축되고 반대로 내수가 증가하면 경제활동이 활발해지므로 내수의 크기가 중요한 것이다.

케인즈

1920년 말에 발생한 세계적인 대공황으로 인해 고전학파의 거시경제이론은 설 자리를 잃게 될 위기에 처하였다. 주가가 하락하고 장기적으로 실업이 지속됐으며, 고전학파 경제학자들이 믿었던 시장기구의 자동조절기능은 그 기능을 상실하고 말았다. 경기가 침체됐음에도 실질임금은 떨어지지 않았고 실업이 지속적으로 증가했던 것이다.

케인즈(J. M. Keynes)는 1936년에 발간한 『고용, 이자 및 화폐의 일반이론』에서 고전학파가 주장하는 것처럼 언제나 완전고용 상태에 있는 것은 아니라고 지적했다. 즉, 노동시장의 고용 수준은 노동시장의 수급 원리에 의해 결정되는 것이 아니라 생산물 시장의 총수요의 크기에 의해 결정된다는 것이다. 이러한 케인즈의 이론은 1940년대부터 1960년대까지 거시경제학의 주류를 형성하였다.

Quiz

Q1. 다음의 설명 중 옳지 않은 것을 골라라.

① 미국의 대공황을 계기로 등장한 케인즈는 국민소득의 결정에 있어 총수요의 역할이 중요하다고 주장하였다.
② 케인즈의 주장에 따르면 경제는 언제나 완전고용을 달성하므로 총수요 증가정책을 통해 경기를 살릴 수 있다.
③ 노동시장에서 실업이 발생하는 이유는 임금의 경직성 때문이다.
④ 실업을 줄이기 위해서는 정부가 지출 규모를 늘려야 한다.
⑤ 저축은 누출의 일종이므로, 가계가 저축을 증가시킬 경우 국민경제의 순환 과정에서 소득이 감소할 것이다.

[해설]
케인즈는 경제에 불완전고용 상태가 나타날 수 있음을 강조하면서, 이를 해소하기 위해서는 총수요의 증가가 요구된다고 하였다.

Q2. 고전학파의 견해에 대한 설명 중 옳지 않은 것을 고르시오.

① 모든 시장에서의 가격변수가 신축적이라 보았다.
② 경기변동은 외적 충격에 대해 국민경제를 구성하는 시장들이 스스로 최적 반응을 하는 결과라 보았다.
③ 경기 안정화 정책은 필요없다고 주장한다.
④ 소득을 결정하는 중요한 요인은 물가수준이라고 본다.
⑤ 세이의 법칙을 제시한다.

[해설]
물가수준이 변화해도 노동시장에서의 고용량은 완전고용량에서 일정하다. 따라서 소득도 불변이다.

[정답] Q1. ② Q2. ④

7. 수출과 수입은 내수랑 뭐가 다른 거야?

한 국가가 다른 국가와 거래하지 않는 폐쇄경제라고 가정하면, 이 국가에서 목격되는 가계의 소비수요(C), 기업의 투자수요(I), 그리고 정부의 소비수요(G)는 그 대상이 모두 자국에서 생산된 상품(자국재 domestic goods)일 것이다. 예컨대 $C + I + G = 1,000$이라면 자국재에 대한 수요가 1,000이 되므로 자국재가 1,000개만큼 생산될 것이다. 그런데 이 국가가 다른 국가와 거래를 하는 개방된 경제 open economy라면 이야기가 달라진다.

개방경제에서는 국가들 사이에 상품을 거래하는 현상이 발생한다. 개방된 경제 A국과 B국을 생각하자. 현재 A국에서 $C + I + G = 1,000$이라 하자. 이때 주의할 점은 A국에서 측정되는 총수요가 모두 A국이 생산한 상품에 대한 수요만을 포함하지는 않는다는 것이다. 예를 들어 가계의 소비수요가 $C = 500$인데, 이 중에서 400은 A국이 생산한 상품에 대한 수요이고 나머지 100은 B국이 생산하는 상품에 대한 수요라고 하자. 그렇다면 500의 소비수요 중에서 A국의 생산을 유발하는 부분은 500이 아니라 400이 된다. 또한 기업의 투자수요가 3,00인데, 이 중에서 100은 A국이 생산하는 상품(기계)에 대한 수요이고 나머지 200은 B국이 생산하는 상품(기계)에 대한 수요라고 하자. 그렇다면 300의 투자수요 중에서 A국의 생산을 유발하는 부분은 300이 아니라 100이 된다. 마찬가지로 정부의 소비수요가 200인데, 이 중에서 A국이 생산하는 상품에 대한 수요가 150이고 나머지 50은 B국이 생산하는 상품에 대한 수요라 하자.

정리하면 다음과 같다. A국에서 측정되는 총지출$_{\text{absorption}}$은 $C + I + G = 1{,}000$인데, 이 중에서 A국이 생산하는 상품에 대한 수요(지출)는 $400 + 100 + 150 = 650$에 해당하며, 나머지 350은 B국이 생산하는 상품에 대한 수요가 된다. 즉, A국은 B국으로부터 350만큼을 수입$_{\text{import; IM}}$하게 되는 것이다. 우리는 650을 자국재에 대한 자국에서의 수요$_{\text{domestic demand of domestic goods}}$라고 하고, 350을 외국재에 대한 자국에서의 수요$_{\text{domestic demand of foreign goods}}$라고 나타낸다. 중요한 것은, A국 안에서 $C + I + G = 1{,}000$의 총지출이 측정된다 하더라도 이것이 모두 A국이 생산하는 상품에 대한 수요로 연결된다는 보장은 없다는 사실이다.

350개의 상품을 수입하는 상황을 $IM = 350$이라고 표현하자. 그러면 $C + I + G - IM = 1{,}000 - 350$이 바로 A국에서 생산되는 상품에 대한 A국에서의 총수요가 되는 것이다. 그렇다면 A국에서 생산하는 상품을 B국이 수요하는 경우는 없을까? 이것이 바로 A국의 B국에 대한 수출$_{\text{export; EX}}$이 된다. A국이 B국에 상품을 수출한다는 것은 B국이 A국에서 생산되는 상품에 대한 수요를 갖게 된다는 뜻이다. 만약 A국이 B국에게 수출하는 상품이 600개라면 $EX = 600$이 된다. A국이 생산하는 상품에 대한 B국의 수요$_{\text{foreign demand of domestic goods}}$가 바로 A국의 수출 규모가 된다.

그렇다면 A국에서 생산되는 상품에 대한 총수요는 얼마일까? A국에서 생산되는 상품에 대한 A국의 수요가 $C + I + G - IM = 1{,}000 - 350$이고, A국에서 생산되는 상품에 대한 B국의 수요가 $EX = 600$이므로 A국에서 생산되는 상품에 대한 총수요는 $AD = C + I + G - IM + EX = 1,250$이다. 이때 경제학에서 수출과 수입의 차이를 순수출 net export 이라 표현하기도 한다. 즉, $NX = EX - IM$가 된다. 따라서 A국에서 생산되는 상품에 대한 총수요를 $AD = C + I + G + NX$라 표현하는 것이 일반적이다.

A국에서 생산되는 상품에 대한 수요가 많을수록 A국의 생산은 늘어날 것이고, A국의 소득도 증가할 것이다. 이때 $AD = [C + I + G - IM] + EX$에서 $C + I + G - IM$이 A국의 내수를 나타내며, 그 뒤에 있는 EX가 A국의 수출이 된다. 내수가 위축되더라도 수출이 증가한다면 A국의 생산은 위축되지 않을 수 있고, 수출이 줄어들더라도 내수가 살아나면 A국의 생산은 위축되지 않을 수 있다. 만약 내수와 수출 모두가 위축되면 A국의 생산은 위축되고 경기침체를 경험할 가능성이 생긴다.

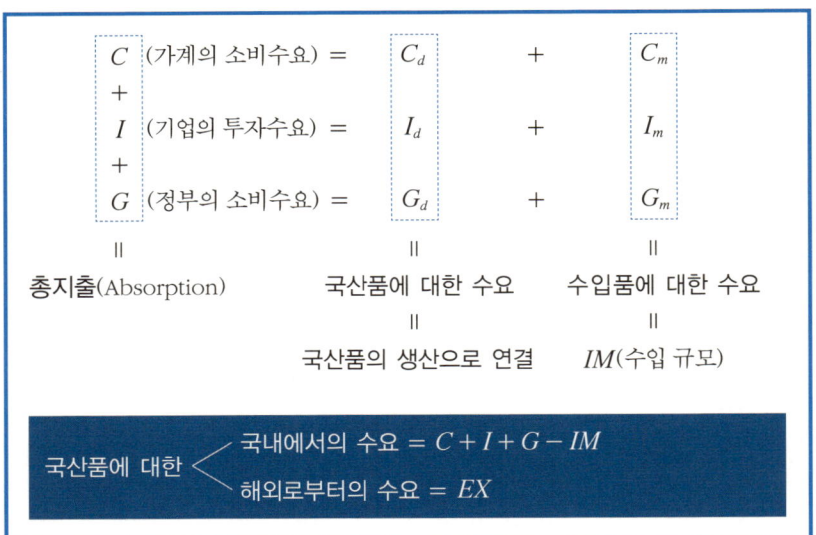

8. 승수효과가 뭐야?

어떤 나라가 상품을 1,000개 생산한다면 상품을 생산하는 과정에 참여한 국민들에게 총 1,000개를 나누어 줄 수 있다. 즉, 한 나라의 총생산량gross product은 곧 그 나라의 총소득(국민소득gross income)을 의미한다. 이러한 특징으로 인해 거시경제학에서 "Y"라는 기호는 총생산을 나타내기도 하고 총소득을 나타내기도 한다.

한 나라의 총소득이 얼마나 될지는 이 나라의 총생산량이 얼마일지에 의해 결정된다. 그렇다면 이 나라의 총생산량은 무엇에 의해 결정될까? 우리가 앞에서 이야기했던 유효수요원리에 따르면, 한 나라의 생산량이 얼마나 많을지는 수요량이 얼마나 많을지에 의해 결정된다. 즉, 총수요량이 1,000개이면 총생산량이 1,000개가 되고, 국민소득은 1,000개가 된다. 여기서 국민소득이 1,000개라는 것은 실질국민소득real gross income을 나타내는 표현이며, 만약 생산되는 상품의 가격이 1,000원이라면 국민소득은 1,000,000원어치가 된다. 1,000,000원이 바로 명목국민소득nominal gross income이다. 그런데 우리에게 중요한 것은 실질국민소득이므로 이것에 대해 이야기해 보자.

한 나라가 생산하는 상품에 대한 총수요가 증가한다면 총생산은 증가할 것이고 국민소득 역시 증가할 것이다. 그렇다면 총수요가 증가할 때 국민소득은 얼마나 증가할까? 얼핏, 총수요가 100개만큼 증가하면 국민소득도 100개만큼 증가할 것처럼 생각되지만 사실은 그렇지 않다. 자, 이제 더 자세히 생각해 보자.

폐쇄경제를 가정하면 총수요는 $AD = C + I + G$로 구성된다는 것을 우리는 알고 있다. 이때 가계의 소비수요를 $C = a + b(Y - T)$라고 단순화해 보자. 여기서 $(Y - T)$는 가계의 가처분소득을 나타낸다. 이 식의 의미는 다음과 같다. 가처분소득이 1만큼 증가하면 소비는 b만큼 증가하며, 가처분소득과는 독립적으로 a만큼의 소비도 이루어지고 있다. 거시경제학에서는 a를 독립적 소비, b를 가리켜 한계소비성향marginal propensity to consume ; MPC이라고 하며 $0 < b < 1$이라고 가정한다. 즉, 사람들은 소득이 생기면 소득을 모두 소비하기보다는 일부는 소비하고 나머지 일부는 저축하는 성향이 있다는 것이다.

총수요의 크기($C + I + G$)에 의해 국민소득(Y)의 크기가 결정된다는 유효수요원리는 $Y = C + I + G$로 표현할 수 있다. 이제 정부가 정부의 소비 규모를 100개만큼 증가시키는 상황을 생각하자. 우변에서 G가 100만큼 증가하면 일단 이것은 좌변의 Y를 100만큼 증가시킬 것이다. 그런데 Y가 100만큼 증가하면 이것은 가계의 가처분소득이 100만큼 증가하는 것을 의미하므로 소비(C)가 $b \times 100$만큼 증가한다. 그러면 이것은 우변이 $b \times 100$만큼 증가하는 것이므로 또다시 좌변의 Y가 $b \times 100$만큼 증가한다. 자, 이러면 또다시 가처분소득이 $b \times 100$만큼 증가한다는 것이므로 이것은 소비를 $b \times (b \times 100) = b^2 \times 100$만큼 증가시킨다. 그러면 좌변의 Y가 $b^2 \times 100$만큼 증가한다. 이러한 과정을 계속 생각해 보자. 그러면 좌변의 Y가 얼마나 증가하는지를 다음과 같은 식으로 나타낼 수 있다.

$$\Delta Y = 100 + (b \times 100) + (b^2 \times 100) + (b^3 \times 100) + \cdots = \frac{100}{1-b}$$
$$= \frac{1}{1-b} \times 100 = \frac{1}{1-b} \times \Delta G$$

한계소비성향이 $b = 0.75$라고 해보자. 그러면 $\frac{1}{1-b} = 4$이다. 이것을 위의 결과에 적용해 보면, 정부소비가 100만큼 증가할 때 국민소득은 그것의 4배에 이르는 400만큼 증가하는 효과가 발생한다. 만약 한계소비성향(b)이 작다면 이러한 효과도 작아지며, 한계소비성향이 클수록 이러한 효과 역시 커진다는 것을 알 수 있다.

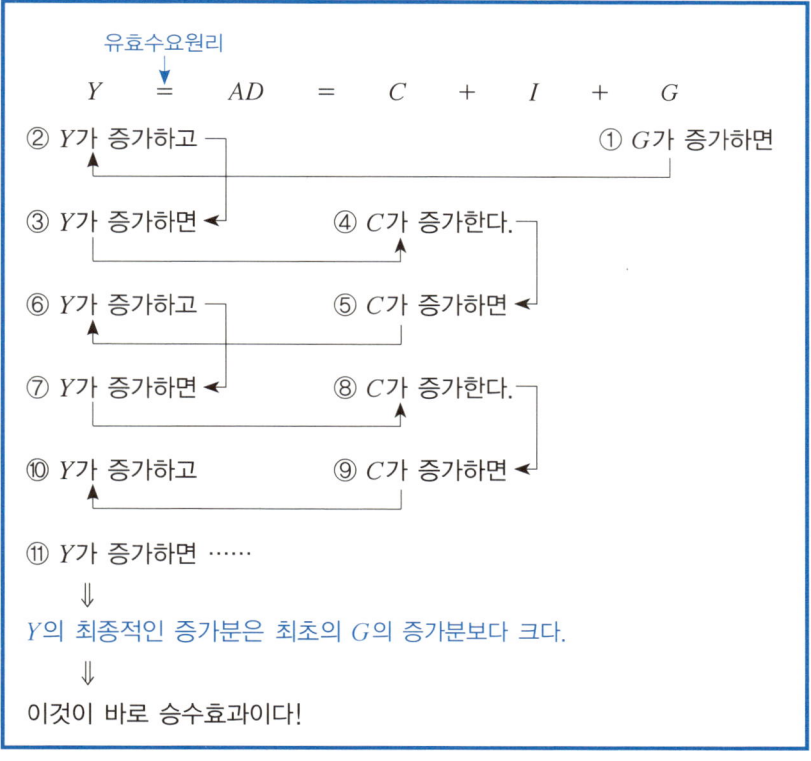

이처럼 총수요의 증가가 그것의 몇 배에 이르는 만큼의 국민소득 증가를 가져오는 효과를 거시경제학에서 승수효과multiplier effect라고 하며, 이는 케인즈 경제학의 핵심을 이루는 내용이기도 하다.

어떤 나라가 경기불황을 경험하고 있을 때, 기업의 생산이 늘어나야 기업이 더 많은 노동자를 고용하려 할 것이고, 그래야 가계의 소득이 생겨서 가계가 소비를 늘릴 수 있을 것이다. 그러면 기업이 생산하는 상품의 판매량이 늘어나고 기업의 생산량 증가로 연결되는 선순환virtuous cycle이 시작된다. 이러한 계기를 만들어 줄 수 있는 것이 바로 정부의 소비 증가이다. 게다가 정부의 소비 증가는 훨씬 큰 국민소득 증가 효과를 가져온다는 것을 승수효과를 통해 알 수 있다.

그런데 주의할 점은, 반대로 총수요가 감소하는 경우에는 그것보다 훨씬 큰 폭의 국민소득 감소가 발생할 수 있다는 것이다. 케인즈가 경제를 근본적으로 불안정한 것으로 본 이유도 바로 이러한 승수효과와 관련이 있다.

9. 지금 당장 이 불황을 끝내자!

2008년에 시작된 미국의 금융위기로 인해 세계 각국의 경제가 불황을 경험하게 되었을 때, 폴 크루그먼 Paul Krugman(1953~)은 2012년에 출간한 자신의 저서 『지금 당장 이 불황을 끝내라! END THIS DEPRESSION NOW!』에서 금융위기의 원인을 규명하는 데 시간을 낭비하지 말고, 신속하게 경기회복을 위한 경제정책을 시행할 것을 역설했다. 그 당시의 경기불황은 1930년대의 대공황 이후 가장 심각한 경기불황으로 평가되고 있었는데, 크루그먼은 이미 발생한 경기불황의 원인이 무엇인지를 분석하는 것보다 더 중요한 것이 신속하게 경기불황에서 벗어나는 것이며, 이를 위해서는 정부가 지출 규모를 큰 폭으로 늘리고 중앙은행은 금리를 인하해 경제에 더 많은 유동성(화폐)이 공급되도록 해야 한다고 주장했다.

크루그먼의 이러한 생각은 기본적으로 케인즈의 수요 중시 사고방식과 맥락을 함께한다. 즉, 높은 실업률이라는 고통스러운 현상은 노동시장이 만들어낸 문제가 아니라 상품의 수요가 줄어들어서 기업들이 생산을 줄인 결과이므로, 노동시장에서 일자리가 다시 늘어나서 실업률이 낮아지도록 하려면 기업들이 만들어내는 상품에 대한 수요가 늘어나야 한다는 것이다. 금융위기 당시에 수많은 가계와 기업들이 많은 부채를 짊어지고 있었으므로 이들은 소비와 투자를 할 여력이 없었다. 따라서 정부가 지출(소비)을 늘려서 총수요를 증가시켜야 경제의 활동을 되살릴 수 있다고 생각했다.

또한 이와 함께 중앙은행(미국의 경우 연방준비제도 Federal Reserve System ; Fed)이 이자율을 인하하고 더 많은 돈을 시중에 공급함으로써 가계와 기업이 소비와 투자를 늘릴 수 있는 환경을 만들어야 할 필요성도 강조하였다.

정부가 정부의 소비(G)나 조세 징수액(T)의 크기를 늘리거나 줄여서 총수요에 영향을 주는 정책을 재정정책 fiscal policy이라고 하며, 중앙은행 (통화당국 monetary authorities)이 이자율이나 통화 공급량 money supply을 조절하여 총수요에 영향을 주는 정책을 통화정책 monetary policy이라고 표현한다.

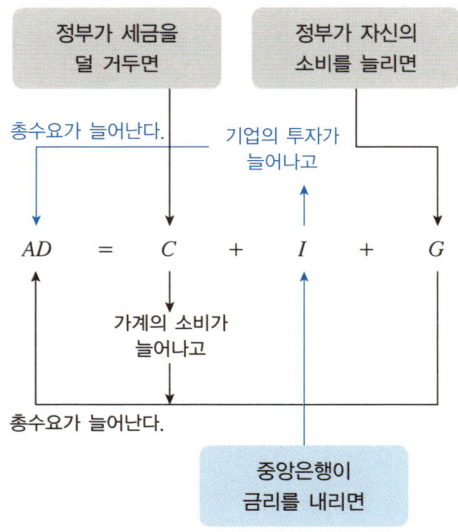

★ 검정색 경로 : 재정정책의 효과
　파란색 경로 : 통화정책의 효과

경제가 불황에 빠져 있을 때, 정부가 경기 회복을 위해서 정부소비를 증가시키거나 세금을 줄여줌으로써 총수요를 증가시키려는 정책은 확장적 재정정책expansionary fiscal policy이 되고, 그 반대는 긴축적 재정정책contractionary fiscal policy이 된다.

또한 중앙은행이 경기 회복을 위해서 이자율을 내리거나 통화 공급량을 증가시켜서 총수요를 증가시키려는 정책은 확장적 통화정책expansionary monetary policy 또는 monetary easing이 되고, 그 반대는 긴축적 통화정책contractionary monetary policy 또는 monetary tightening이 된다.

크루그먼은 당시의 불황에서 벗어나기 위해 필요한 것은 바로 확장적 재정정책과 확장적 통화정책을 통한 총수요의 증가라고 생각한 것이다.

10. 재정의 지속 가능성? 그게 뭐야?

경제가 침체되어 있을 때 정부가 지출을 늘려서 경제를 회복시킬 수 있다는 것은 어렵지 않게 이해할 수 있다. 그런데 정부지출을 늘리기 위해서는 재원을 조달해야 한다. 정부의 가장 중요한 재원 조달 수단은 바로 조세이다. 정부는 조세 징수를 바탕으로 지출의 규모를 조절하게 되는데, 때로는 조세 수입을 초과하는 지출이 필요한 경우가 생긴다.

예를 들어 경제를 회복시키기 위해 정부지출을 늘릴 때 지출의 규모가 조세 수입을 초과하는 상황이 생길 수 있는데, 그 부족분을 누군가에게서 빌려서 충당해야 하는 경우이다. 기업과 마찬가지로 정부 역시 자금을 차입하기 위해 채권을 발행하는데, 정부가 발행하는 채권을 국채government bond라고 표현한다. 정부가 지금까지 발행한 국채 중에서 얼마나 많은 부분이 아직 상환되지 않고 남아있는지가 바로 정부가 갚아야 할 빚, 즉 정부부채government deb가 된다.

정부가 부채를 갖고 있다고 해서 문제가 되는 것은 아니다. 어떤 사람이 빚을 갖고 있더라도 그 빚을 정상적으로 상환할 소득이나 재산이 있다면 문제가 없듯이, 정부 역시 정부부채를 정상적으로 문제없이 상환할 수 있다면 문제가 되지 않는다. 그렇다면 정부는 어떻게 정부부채를 별다른 문제 없이 상환할 수 있을까? 이것은 바로 미래에 징수될 조세가 충분하여 정부가 빚을 갚아나가는 데 별다른 문제가 없다고 판단될 때이다. 이처럼 미래의 조세 수입을 통해 정부의 부채가 정상적으로 상환될 수 있다고 판단될 때 우리는 재정의 지속 가능성fiscal sustainability이 실현된다고 판단한다.

그렇다면 현재의 정부부채가 미래의 충분한 조세 수입으로 상환되기 위해서는 무엇이 요구될까? 미래의 조세 수입은 다름 아닌 미래의 국민소득으로부터 생긴다. 따라서 미래의 국민소득이 충분히 클 때 재정의 지속 가능성이 실현된다는 것을 알 수 있는데, 여기서 중요한 것이 바로 경제성장이다. 경제성장은 국민소득이 꾸준히 증가하는 추세이므로, 경제성장률이 충분히 높은 수준에서 유지될 때 미래의 소득으로부터 충분한 조세 수입을 기대할 수 있고, 이를 통해 재정의 지속 가능성이 실현되는 것이다. 요약하면, 재정의 지속 가능성을 위해서는 무엇보다도 높은 경제성장률이 필요하다. 이를 반영하는 유명한 식을 소개하면 다음과 같다.

$$\frac{D_t}{Y_t} - \frac{D_{t-1}}{Y_{t-1}} = (r - g) \times \frac{D_{t-1}}{Y_{t-1}} + \frac{G_t - T_t}{Y_t}$$

이 식에서 D_t와 Y_t는 각각 특정 시기 t의 정부부채 및 국민소득 크기이고, $\frac{D_t}{Y_t}$는 그 시기의 GDP 대비 정부부채의 비율을 나타낸다. 또한 우변에 등장하는 r과 g는 각각 이자율과 경제성장률을 나타낸다.

이 식의 좌변($\frac{D_t}{Y_t} - \frac{D_{t-1}}{Y_{t-1}}$)은 정부부채 비율의 증가분이 된다. 이때 시간이 지남에 따라 정부부채 비율이 얼마나 빠르게 증가하는지가 우변에 등장한 두 항에 의해 영향을 받게 된다.

정부부채가 발생하는 근본적인 이유는 재정적자$_{\text{fiscal deficit}}$에 있다는 것을 보여주는 것이 우변의 두 번째 항이다. 정부가 재정적자를 실현한다면 $G_t - T_t > 0$이므로 정부부채 비율의 증가분은 더 커질 것이다. 반대로 정부가 재정흑자를 실현한다면 $G_t - T_t < 0$이 되므로 정부부채 비율의 증가분은 감소할 것임을 알 수 있다. 정부부채 비율의 증가를 억제하거나, 정부부채 비율을 감소시키기 위해서는 궁극적으로 재정흑자$_{\text{fiscal surplus}}$가 필요하다는 것을 보여준다. 그러나 현실적으로 정부가 재정흑자를 실현하는 것은 매우 어려운 일이므로, 재정적자가 지속되어 정부부채의 크기가 늘어나더라도 이것이 정부의 부채 상환 능력에 문제를 일으키지 않는 방법이 필요하다.

이러한 방법이 우변의 두 번째 항에 나타나고 있다. 즉, 재정적자로 인해 정부부채의 크기 그 자체는 증가하는 상황이라 하더라도 GDP 대비 정부부채 비율은 오히려 감소할 수 있는데, 바로 경제성장률이 이자율보다 높아서 $r - g < 0$이 되는 경우가 그것이다. 즉, 정부의 부채 규모가 증가하는 상황에서도, 충분히 높은 수준의 경제성장률이 유지되어 미래의 소득으로 충분한 미래의 조세 수입이 실현된다면, 그 부채를 정부가 상환하는 데 문제가 없을 것이므로 재정의 지속 가능성이 실현될 수 있다.

11. 리카디언 대등 정리가 뭐야?

경제가 침체에 빠져 있을 때, 상품에 대한 총수요가 증가하면 상품 판매가 증가하고, 이에 따라 기업들의 생산도 다시 늘어난다. 생산이 늘어나면 기업들은 더 많은 노동력이 필요하게 되고, 이는 일자리 증가와 가계 소득의 증가를 가져온다. 소득이 늘어난 가계는 더 많은 상품을 소비할 수 있게 된다.

여기서 총수요는 가계의 소비 C, 기업의 투자 I, 그리고 정부의 지출 G의 합으로 구성된다. 따라서 정부의 지출인 G를 늘려 총수요를 증가시키는 방법을 생각해 볼 수 있다. 또는 정부가 가계로부터 징수하는 세금 T를 감소시키면 가계는 세금을 덜 내게 되어 가처분소득이 증가하므로 가계의 소비인 C가 증가할 수 있다. 이렇게 정부가 G나 T를 조절하여 경제를 활성화하려는 정책을 확장적 재정정책이라고 부른다.

이제 정부가 지금까지 정부지출을 G = 100억 원, 조세 징수를 T = 100억 원으로 유지해 왔다고 생각하자. 즉, 정부는 균형재정 balanced budget을 유지하는 상황이었다. 그러다가 경제를 활성화하기 위해 정부가 정부지출을 G = 100억 원에서 유지하면서 조세 징수를 T = 80억 원으로 축소하는 감세정책 tax cut policy을 시행하게 되었다고 하자. 그러면 가계는 가처분소득이 20억 원만큼 증가하게 되고, 증가한 가처분소득으로 일부는 소비에 사용하고 일부는 저축에 사용할 것이라고 정부는 예측한다. 예를 들어 한계소비성향이 $MPC = 0.7$이라면 가계의 소비는 $0.7 \times 20 = 14$억 원만큼 증가하고, 20억 원 중에서 나머지 6억 원은 저축의 증가로 연결될 것이다. 그런데 정부의 예측과는 달리 가계가 소비를 전혀 늘리지 않는 현상이 목격되었다면 그 이유는 무엇일까?

한계소비성향이 0.7이라고 가정하는 것은, 사람들이 100만 원의 소득이 생길 때 이 중에서 항상 70만 원은 소비하는 데 사용하고 나머지 30만 원은 저축을 한다는 것이다. 그런데 정말로 사람들이 이처럼 행동할까? 우리는 이번 달 소비 규모를 결정할 때 이번 달 소득만 생각하는 것이 아니다. 다음 달 소득은 얼마나 될지, 그 다음 달 소득은 또 얼마나 될지를 예상하고 전망하면서 이번 달 소비 규모를 결정한다. 즉, 이번 달에 100만 원의 소득이 생기면 앞으로 나의 소득이 어떻게 되든지 상관없이 일단 이번 달 소비를 70만 원만큼 증가시키는 그런 행동을 한다고 보기 어렵다. 한계소비성향이 매우 안정적이라는 가정은 케인즈 경제학의 핵심적인 가정이었는데, 이러한 가정은 소비주체인 가계를 매우 근시안적short-sighted인 의사결정 주체로 간주한 것이다.

그러나 현실에서 대부분의 가계는 상당히 먼 미래까지 예상하고 전망하면서 소비에 관한 계획을 수립한다. 이러한 소비주체를 미래 전망적forward-looking 경제주체라고 표현한다. 만약 가계가 근시안적이 아니라 매우 먼 미래까지도 예상하며 소비 결정을 하는 상황이라면 어떤 결과가 나타날까? 정부가 정부지출은 $G = 100$억 원에서 그대로 유지하면서도 조세 징수액을 $T = 80$억 원으로 축소하면 정부의 재정은 20억 원만큼이 모자라게 된다. 즉, 20억 원의 재정적자가 발생한다. 따라서 정부는 이 부족분을 충당하기 위해 국채를 발행할 것이다. 정부가 국채를 발행한다는 것은 국민들에게 돈을 빌려서 사용한다는 의미이다. 이제 국민들은 정부가 발행한 20억 원어치의 국채를 손에 쥐게 될 것이다. 그런데 이 국채의 만기가 내년[3]이라면, 정부는 내년에 국민들에게 원금 20억 원과 원금에 대한 이자를 갚아야 한다. 만약 국민들이 미래에 발생할 이러한 상황까지 고려하는 경우라면 어떤 행동을 할까?

여기서 우리는 현재가치present value의 개념이 무엇인지 알아야 한다. 연 이자율이 5%인 경제를 생각해 보자. 당신이 은행에 100만 원을 예치하면 1년이 지난 후에 원금 100만 원에 이자 5만 원을 더해 총 105만 원을 되돌려 받을 수 있다. 즉, 지금의 100만 원은 가만히 놔두면 1년 후에 105만 원이 되는 금액이다. 따라서 우리는 1년 후의 105만 원과 지금의 100만 원은 동일한 가치를 갖는 금액이라고 간주할 수 있다. 이것을 조금 더 일반화하면 다음과 같다. 연 이자율이 r인 상황에서 1년 후의 A원은 지금의 $\frac{A}{1+r}$원과 동일한 가치를 갖는다.[4] 이처럼 미래의 어떤 금액

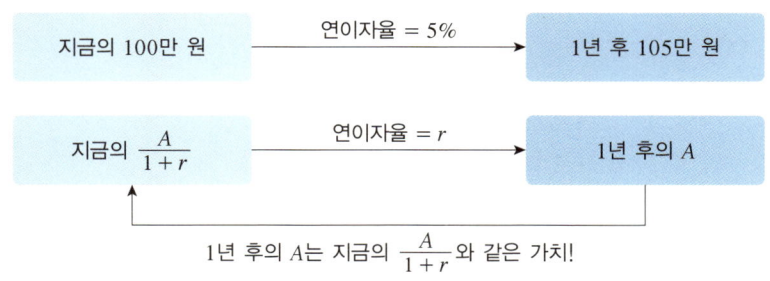

---

3 꼭 내년일 필요는 없다. 독자들의 이해를 돕기 위해 바로 내년에 만기가 돌아오는 국채를 생각하는 것이다.
4 그렇다면 2년 후의 B원은 지금의 $\frac{B}{(1+r)^2}$와 동일한 가치를 갖는다. N년 후의 C원의 현

이 현재로 치면 그 가치가 얼마나 되는지를 현재가치라고 하는데, 이 과정에서 이자율이 중요한 역할을 한다.

다시 정부가 감세를 하는 상황으로 돌아가 보자. 정부가 올해 20억 원을 감세하므로 국민들은 올해 소득이 20억 원만큼 증가한다. 그런데 이 과정에서 정부가 20억 원만큼의 국채를 발행하였고, 그 만기가 내년이라는 사실을 국민들이 알게 되었을 때, 내년에 정부가 원금 20억 원과 그것에 대한 이자인 $20 \times r$억 원을 갚기 위해 세금을 더 징수할 것이라고 예상한다면 어떻게 될까? 국민들은 "올해 소득이 20억 원만큼 늘어났지만, 내년에는 정부가 세금을 더 거둘 테니까 소득이 $20(1+r)$억 원만큼 줄어들겠구나"라고 생각할 것이다. 그런데 내년에 경험하는 소득 감소분의 현재가치($\frac{20(1+r)억\ 원}{1+r}$)는 올해 경험하는 소득 증가분(20억 원)과 정확히 동일한 크기이다. 따라서 국민들은 올해와 내년에 걸쳐 획득

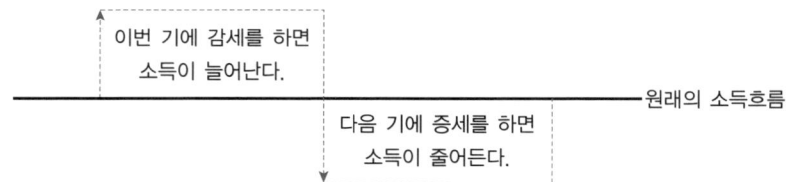

① 이번 기에 세금을 20억 원만큼 깎아준다.
② 정부는 20억 원만큼 다른 데서 채워야 한다.
③ 20억 원만큼 국채를 발행해서 채운다.
④ 정부는 다음 기에 원금과 이자를 갚아야 한다.
⑤ 원금과 이자의 합은 $20(1+r)$억 원이다.
⑥ 다음 기에 $20(1+r)$억 원을 세금으로 더 징수한다.

재가치는 $\frac{C}{(1+r)^N}$가 된다.

하는 총소득이 정부의 감세정책이 이루어지지 않았을 경우와 비교하여 달라진 것이 없다고 생각할 것이다. 그렇다면 국민들은 당초에 계획하고 있었던 올해와 내년의 소비를 수정할 이유가 없다고 느낀다.

이처럼 가계가 이번 달 소비 규모를 결정할 때 지금 당장의 가처분소득만 고려하는 것이 아니라 앞으로 벌어들일 소득까지 고려하는 경우에는 정부의 감세정책이 소비를 늘리지 못할 수 있다. 지금의 감세가 미래의 증세로 연결될 것이라고 예상하는 이상 소득의 현재가치는 변하지 않기 때문이다. 즉, 사람들이 미래 전망적이라면 자신이 보유하고 있는 국채를 미래 조세의 예고통지서로 받아들인다는 것인데, 이는 리카도David Ricardo(1772~1823)에 의해 제시된 아이디어를 배로Robert Joseph Barro(1944~)가 이론화하여 리카디언 대등 정리Ricardian Equivalence Theorem라고 알려져 있다.

만약 현실에서 리카디언 대등 정리가 성립하게 된다면 감세를 통한 경기 진작 효과는 크지 않을 것이이다.

12. 기준금리가 뭐야?

필자가 어렸을 적 어머니와 함께 버스를 타고 남대문 시장으로 가던 길에 웅장하게 생긴 건물을 보게 되었다. 어머니께 저기는 뭐하는 곳이냐고 여쭤보았더니 "저기는 은행이야"라고 말씀하셨고, 나는 "그러면 저금도 하고, 돈도 빌리고 하는 데에요?"라고 다시 되물었다. 어머니께서는 "은행은 은행인데 우리 같은 사람들이 저금하고 돈 빌리고 그러는 은행은 아니야"라고 대답하시기에, 굉장한 부자들만 가는 은행인줄 알고 "아, 그러면 저기는 부자들만 가는 은행이에요?"라고 했더니 어머니께서 웃으시면서 "그런게 아니고, 저기는 은행의 은행이야"라고 말씀하셨던 기억이 있다.

그 은행은 다름 아닌 우리나라의 중앙은행 central bank 인 한국은행 Bank of Korea 이었다. 중앙은행의 가장 큰 특징 중 하나는 일반인들과 직접 거래하지 않는다는 점이다. 국가적으로 중요한 기관이기는 하지만, 중앙은행은 일반 국민과 접촉하지 않고 은행만 상대하는 것이 일반적이다. 각국 중앙은행의 본점과 지점들은 은행들이 몰려 있는 금융 중심가에 있으면서도 굳게 문을 닫고 일반인들의 출입을 제한하는 경우가 많다는 것을 보아도 이런 특징을 연상할 수 있다.

그러나 중앙은행이 일반 국민들과 직접 거래하지 않는다고 해서 국민들의 생활과 관련이 없는 것은 절대 아니다. 오히려 중앙은행이 담당하는 역할이 일반 국민들의 경제활동에 큰 영향을 미치고 있다. 이제 그 내용에 대해 이야기해 보자.

어떤 기업이 새로운 공장을 건설하여 그 안에 기계와 같은 설비를 갖추어 상품을 생산하려는 계획을 이제 실행에 옮기려고 한다. 기업의 이러한 경제행위를 투자$_{investment}$라고 한다. 이 기업이 투자를 실행하게 되면 공장을 짓기 위한 시멘트 및 철근도 필요하고, 컴퓨터도 필요하며, 설비라인을 갖추기 위해 각종 기계류들도 필요할 것이다. 그런데 이것들을 생산하는 또 다른 기업 입장에서는 자신이 생산하는 상품에 대해 수요가 생겨나는 현상이 된다. 즉, 기업의 투자가 증가하면 경제의 총수요가 증가하는 것이다. 뿐만 아니라 해당 공장이 건설되면 새로운 일자리가 생겨날 것이고, 그 공장에서 일하는 사람들에게 소득이 생긴다. 그러면 가계는 그 소득으로 상품을 더 많이 소비할 수 있게 된다. 이것 역시 경제의 총수요 증가로 연결된다.

이제 이 기업은 투자에 필요한 자금을 어디에선가 조달해야 하는 상황이라고 하자. 기업이 투자에 필요한 자금을 조달하는 대표적인 방법은 은행으로부터 대출을 받는 것이다. 이 기업이 은행에 대출을 신청했고, 해당 은행은 이 기업에게 대출을 해줌으로써 안정적인 수익을 획득할 것으로 판단하였다고 하자. 그런데 기업이 신청한 대출액에 비해 이 은행의 가용 자금이 부족한 상황이다. 그러면 이 은행은 다른 어디에선가 자금을 조달하여 기업에게 대출하는 용도로 쓰려고 할 것이다. 이때 은행이 생각할 수 있는 간단한 방법은 다른 은행에서 자금을 빌려오는 것이다. 예를 들어, "나 ○○은행인데, 5일 뒤에 회수될 자금이 있으니까 그것으로 갚을 테니 5일 동안만 자금을 좀 빌려주시오"라고 다른 은행에 전화call를 하는 방법이 있다.

이처럼 금융기관 상호 간에 일시적인 자금 과부족을 조절하기 위하여 초단기[5]로 자금을 차입하거나 대여하는 시장을 우리는 콜시장call market이라 하며, 콜시장에서 일시적인 여유자금을 운용하는 것을 콜론call loan, 일시적인 자금 부족으로 차입하는 것을 콜머니call money라 한다. 그리고 이러한 자금 거래에 적용되는 금리를 콜금리call rate 또는 overnight rate라 한다.

그런데 콜시장에서 자금을 빌리려는 기업이 느끼기에 콜금리가 너무 비싸다면, 이 은행은 콜시장에서 자금을 빌리는 것을 망설이게 된다. 이때 한국은행이 "내가 자금을 빌려줄게"라고 제안한다면 이 은행은 한국은행으로부터 자금을 차입하는 것을 생각하게 된다. 이때 한국은행이 이 은행에게 자금을 빌려줄 때 적용되는 금리를 기준금리base rate라고 생각하면 된다.

자, 이제 한국은행이 시중의 은행에 더 많은 자금을 공급하기를 원한다고 가정해 보자. 그러면 한국은행은 시중은행들에게 "당신들이 콜시장에서 자금을 차입하는 경우의 금리보다 더 낮은 금리로 자금을 빌려주겠습니다. 대신 당신들이 갖고 있는 국채를 나한테 담보로 맡기면 됩니다"라고 하면서, "단, 당신들이 원하기만 한다면 다시 7일 뒤에 자금을 갚으

---

[5] 콜시장의 자금 거래는 만기가 하루에서 90일까지인데, 만기가 1일인 자금 거래가 대부분이다.

면서 담보로 맡긴 채권을 가져가도 됩니다"라고 제안[6]을 한다. 이렇게 한국은행이 시중은행들에게 단기로 자금을 빌려줄 때 적용되는 금리를 기준금리라고 한다. 또한 한국은행이 시중은행들의 국채를 매입(담보로 받음)하면서 자금을 공급하는 행위를 공개시장 매입 open market purchase 이라고 한다. 반대로 한국은행이 시중은행들에게 "당신들이 담보로 맡겨놓은 국채를 되돌려줄 테니 이제 자금을 갚으세요"라고 하면 이것은 공개시장 매각 open market sale 이 된다.

우리가 이야기하고 있는 내용을 정리해 보자. 은행들은 누군가에게 대출을 해줄 때 이자를 받는다. 이러한 대출이자율은 은행이 자금을 조달해 올 때 지불해야 하는 금리(이자율)와 관련이 있다. 즉, 은행의 조달금리가 낮아지면 자연스럽게 은행의 대출금리도 함께 낮아진다. 은행이 초단기로 자금을 조달하는 시장이 콜시장인데, 콜금리가 내려가면 대출

---

[6] 이러한 거래를 환매조건부거래(repurchase agreement)라고도 한다.

금리도 내려가고, 반대로 콜금리가 올라가면 대출금리도 올라가는 경향이 있다.

만약 시중은행들의 대출금리가 내려가서 더 많은 사람들이 낮아진 금리로 더 많은 대출을 받도록 하고 싶다면, 한국은행은 기준금리를 내려야 한다. 기준금리를 내린다면 은행들은 필요한 자금을 콜시장에서 빌리기보다는 한국은행에서 빌리려고 할 것이고, 이에 따라 콜시장에서 자금의 수요가 줄어들어 콜금리도 내려갈 것이다. 즉, 기준금리를 인하하면 콜금리도 내려가고 시중은행들의 조달금리도 내려가므로, 대출금리도 내려가서 가계나 기업이 더 많은 대출을 받을 수 있게 된다. 그리고 이것을 통해 더 많은 소비나 투자가 가능해지므로 총수요가 증가한다. 경제가 침체에 빠져 있어서 경제를 활성화할 필요가 있을 때 한국은행은 기준금리를 내리게 된다. 그리고 기준금리를 내리기 위해 공개시장 매입을 하는 것이다.

반대로 우리 경제가 높은 인플레이션율을 경험하고 있어서 한국은행이 물가를 억제하려는 상황을 생각해 보자. 물가수준이 빠르게 상승하는 것을 억제하기 위해서는 상품들에 대한 수요를 억제할 필요가 있다. 즉, 총수요를 억제해야 물가수준을 진정시킬 수 있다. 이를 위해서 한국은행은 기준금리를 높인다. 그러면 시중은행들이 한국은행에서 자금을 차입하기를 꺼려하거나 기존에 차입했던 자금을 상환하려고 한다. 대신 콜시장에서 자금을 빌려 보려고 하는데, 콜시장으로 자금의 수요가 몰리면 자연스럽게 콜금리는 상승한다. 결과적으로 시중은행들은 한국은행에서 자금을 차입하든 콜시장에서 자금을 차입하든 더 높아진 조달금리에 직면할 것이다. 그러면 은행은 누군가에게 자금을 대출해 줄 때 더 높은 이자를 받으려고 할 것이다. 즉, 기준금리가 높아지면 대출금리도 높아지고, 사람들이 은행에서 대출받는 것이 이전에 비해 부담스러워지므로 총수요는 억제된다. 그리고 결과적으로 물가의 상승 역시 억제되는 효과가 생긴다.

경기침체 상황 ⇒ 공개시장 매입 ⇒ 기준금리 인하 ⇒ 콜금리 하락
　　　　　　⇒ 시중금리 하락 ⇒ 소비 및 투자 증가 ⇒ 총수요 증가
　　　　　　⇒ 경기회복
경기과열 상황 ⇒ 공개시장 매각 ⇒ 기준금리 인상 ⇒ 콜금리 상승
　　　　　　⇒ 시중금리 상승 ⇒ 소비 및 투자 억제 ⇒ 총수요 억제
　　　　　　⇒ 경기과열 진정

이제 한국은행이 담당하는 중요한 역할이 무엇인지 알 수 있을 것이다. 한국은행은 통화정책을 수행한다. 경기가 불황에 빠져 있을 때 경기회복을 위해 공개시장 매입을 하고 기준금리를 인하하는 정책이 확장적 통화정책이고, 경제가 인플레이션에 시달리고 있을 때 공개시장 매각을 하고 기준금리를 인상하여 인플레이션을 억제하는 정책이 긴축적 통화정책에 해당된다.

13.   필립스곡선이 뭐야?

　거시경제학에서 중요한 연구대상이 바로 실업률과 인플레이션율이다. 실업률은 노동시장의 일자리 상황이 어떤지를 보여주는 지표이고, 인플레이션율은 사람들이 상품을 구입하면서 경험하는 물가와 직접적인 관련이 있으므로, 실업률과 인플레이션율은 우리의 생활과 밀접한 관련이 있다. 우리가 원하는 경제상황은 바로 낮은 실업률과 낮은 인플레이션율 상태이다.

　필립스곡선Phillips curve은 실업률과 인플레이션율의 관계를 보여주는 중요한 분석도구로 알려져 있다. 필립스곡선은 경제학자인 필립스William Phillips(1914~1975)가 1861년에서 1957년 사이 약 100년간의 영국 자료를 분석한 결과로 목격된 실업률과 인플레이션율 간의 역(−)의 상관성trade-off relationship[7]을 보여주는 곡선이다. 즉, 실업률이 낮은 시기에는 인플레이션율이 높고, 인플레이션율이 낮은 시기에는 실업률이 높은 뚜렷한 현상을 나타낸 결과물을 필립스곡선이라고 부른다.

　그렇다면 필립스곡선은 왜 우하향downward right하는 모양일까? 즉, 왜 실업률과 인플레이션율은 서로 반대로 움직이는 걸까? 이제 그 이유에 대해 생각해 보자.

---

7 경제학에서는 이를 실업률과 인플레이션율 사이의 상충성이라고도 표현한다.

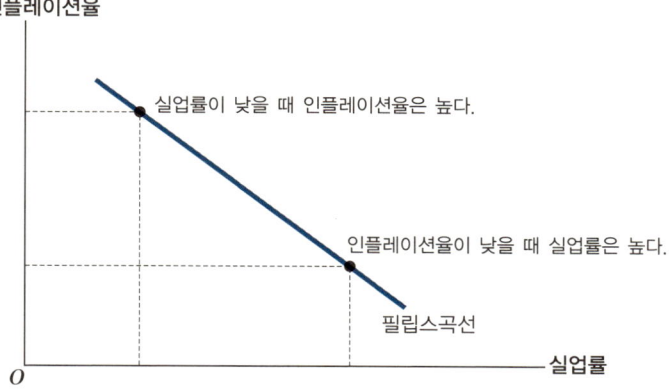

★ 실업률을 낮추려면 더 높은 인플레이션율을 각오해야 하고, 인플레이션을 진정시키려면 실업률 증가를 각오해야 한다.

　기업들은 자신이 생산하여 판매하는 상품의 가격이 올라가면 생산량을 늘려서 더 판매하기를 원하고, 반대로 상품의 가격이 하락하면 생산을 줄여서 판매량을 줄이는 것이 일반적이다. 이때 가격이 상승하는 상황에서 기업들이 상품을 더 생산하려면 더 많은 노동력이 필요하다. 이것을 "노동에 대한 수요 증가"라고 표현하는데, 노동수요가 증가한다는 것은 더 많은 일자리가 생겨난다는 것을 의미한다. 이렇게 더 많은 일자리가 생기면, 즉 기업들로부터의 일자리 제안이 증가하면 실업 상태에 있던 사람들이 직장을 얻게 된다. 그러면 실업률이 감소할 것이다.

　여기서 한 가지 특징을 확인하게 된다. 바로 생산량이 증가할 때 실업률이 감소한다는 사실이다. 한 나라의 총생산량을 Y라 하고, 실업률을 U라고 할 때 Y와 U는 반대로 움직이는 경향이 있다는 것을 경제학자인 오쿤A. M. Okun(1928~1980)이 발견하게 되었고, 이것을 우리는 오쿤의 법칙Okun's law이라 부른다.

> ① 물가(P)가 상승하면 → 생산(Y)이 증가하고 → 실업률(U)이 감소한다.
> ② 물가(P)가 하락하면 → 생산(Y)이 감소하고 → 실업률(U)이 증가한다.

이제 우리는 왜 필립스곡선이 우하향하는지, 즉 실업률과 인플레이션율이 왜 서로 반대방향으로 변하는지를 알 수 있다. 그런데 이 사실이 과연 우리에게 중요한 것일까?

컵에 물이 절반 정도 차 있을 때 "물이 반 컵밖에 없구나"라고 생각할 수도 있고, "물이 아직 반 컵 정도 남아있구나!"라고 생각할 수도 있다. 실업률과 인플레이션율 사이에 존재하는 역의 상관성도 마찬가지로 해석할 수 있다. 인플레이션율이 너무 높다고 판단해서 인플레이션율을 낮추려면 기준금리를 인상하기 위한 공개시장 매각 정책을 시행해야 한다. 그러면 인플레이션율은 내려갈 수 있지만 시중금리가 상승함에 따라 총수요가 감소하고, 이것은 기업들의 생산 감소로 연결된다. 그러면 실업률은 상승한다. 즉, 인플레이션율을 낮추는 과정에서 실업률의 증가를 경험한다. 반대로 실업률이 너무 높다고 판단해서 실업률을 낮추려면 기준금리를 인하하기 위한 공개시장 매입 정책을 시행해야 한다. 그러면 시중금리가 하락하여 총수요가 증가하고, 이것은 상품들의 가격을 상승시키는 힘으로 작용하므로 인플레이션율은 높아지게 된다.

즉, 우하향하는 필립스곡선은 인플레이션율과 실업률을 모두 낮추는 것이 매우 어려운 일이라는 것을 우리에게 보여준다. 인플레이션율과 실업률 중에서 어느 하나를 억제하기 위해서는 나머지 하나를 포기해야 한다는 뜻이다.

그러나 인플레이션율과 실업률 중에서 어느 하나를 포기하면 다른 하나는 조절하는 것이 가능하다는 해석도 가능하다. 이는, 우리가 인플레이션율과 실업률 중에서 더 중요하게 생각하는 현상이 무엇인지에 따라 덜 중요하다고 생각하는 것을 포기하면 더 중요하다고 생각하는 것을 얻을 수 있다는 것을 시사한다. 예를 들어, 다소간의 인플레이션을 받아들인다면 실업률을 낮추는 것이 가능하고, 다소간의 실업률 증가를 받아들인다면 인플레이션율을 낮추는 것이 가능하다.

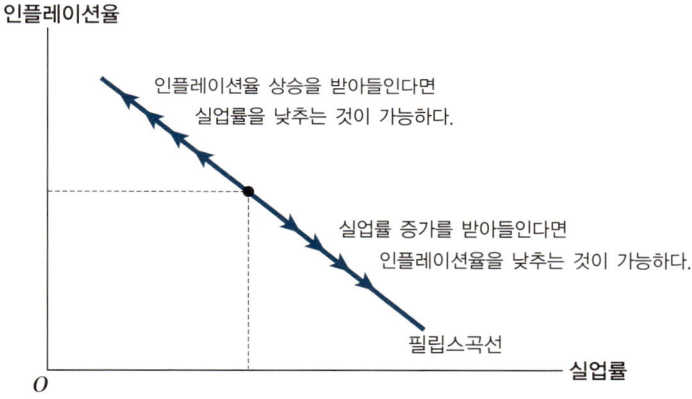

특히 인플레이션율을 낮추기 위해 기준금리를 인상할 때 이러한 정책을 디스인플레이션disinflation 정책이라 하며, 이 과정에서 실업률이 얼마나 증가하는지를 희생률sacrifice ratio이라 한다. 우하향하는 모양의 필립스곡선이 더욱 완만할수록 희생률은 더욱 커질 것으로 예상할 수 있다.

이처럼 실업률과 인플레이션율의 관계를 보여주는 필립스곡선은 우하향하는 모양이므로 둘 중 하나를 선택할 수 있다는 생각이 당연하게 받아들여지던 상황에서, 프리드먼은 이와는 다른 견해를 제시하였다. 즉, 실업률과 인플레이션율 사이의 역(-)의 상관관계는 지속될 수 없으며, 결국 실업률은 자연실업률natural rate of unemployment이라 일컬어지는 수준으로 복귀한다는 주장을 제시하였다. 요약하면, 단기에는 필립스곡선이 우하향하는 모양이지만, 장기에는 필립스곡선이 수직에 가까운 모양이 된다는 주장이다. 대부분의 경제학자들은 단기 필립스곡선은 우하향하고 장기 필립스곡선은 수직이라는 의견에 동의하고 있다.

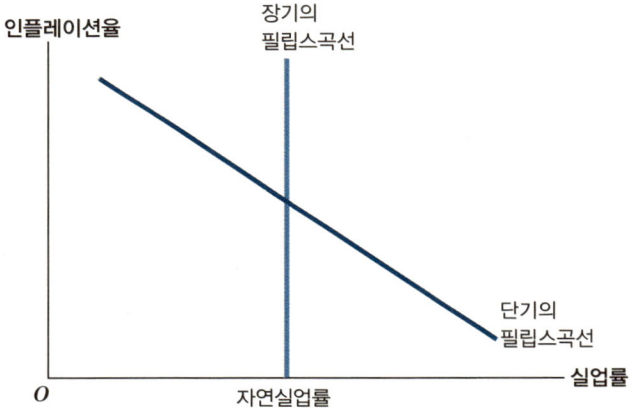

험프리-호킨스(Humphrey-Hawkins) **보고서**(1994년 2월 22일)
지난 수십 년 동안 경제 사조의 주류를 자청했던 케인즈학파는 저물가와 완전고용은 동시에 달성될 수 없다고 주장했다. 밀턴 프리드먼, 폴 볼커와 앨런 그린스펀 같은 대표적인 통화론자들은 그 점에 대해 반대했고, 그린스펀은 이를 증명해 보였다.

"오랫동안 인플레와 실직 사이에 균형을 이루는 것은 어려운 일이었습니다. 국내외를 막론하고 낮은 수준의 인플레는 더 높은 생산성과 효율성을 촉진하여 좀더 향상된 삶의 질을 달성하는 데 이바지합니다.

… 1960년대 후반까지만 해도 경제학자들은 소비자들의 기대심리를 인플레의 주요 결정인자로 주목하지 않았습니다. 실직과 인플레도 균형을 이룰 수 없다고 간단히 간주해 버렸지요. 낮은 실업률이 일정 수준의 높은 인플레율과 연관되어 있다고 여겼는데, 거꾸로 말하면 높은 실업률은 낮은 인플레와 관계가 있다고 본 것입니다.

그러나 지난 30여 년간의 경험에 비추어 볼 때, 실직과 인플레 간에 균형을 이룰 수 없다는 생각은 아주 일시적이며 잘못된 것임을 깨달았습니다. 그보다는 잠재능력 이상으로 경제를 억누르려는 시도들이 오히려 인플레를 가속화시켰고, 그로 인해 야기된 불안정한 상태는 다시 높은 실업률을 초래했습니다. 결과만 놓고 보면 기대심리에 부응한 만큼의 인플레가 나타난 것입니다.

… 낮은 인플레는 역사적으로 볼 때 높은 수준의 생산성보다는 생산성의 신속한 개선과 관계가 있습니다. 왜 인플레와 생산성 향상이 이런 방식으로 관련성을 갖고 있는지는 분명치 않습니다. 어느 정도는 생산성 향상이 단위노동 비용의 증가를 낮춤으로써 일정 기간 인플레를 낮출 수 있습니다. 그러나 원인과 결과의 과정은 다르게 진행되게 마련입니다.

낮은 인플레와 그에 따른 기대심리는 경제전망의 불확실성을 줄여주는 동시에 투자의 위험도 낮춰줍니다. 낮은 인플레는 또한 상대 가격의 변화로부터 부의 창출에 기여하려는 노력과 자원을 촉진시키도록 유도합니다. 대부분의 사람들은 인플레로 인한 자산가치 하락을 막을 수 없기 때문에 낮은 인플레를 유지해서 삶의 수준이 불공평하게 추락하는 것은 피하고자 합니다."

출처 : 통화정책에 관한 험프리-허킨스 보고서에서 : 1994년 2월 22일

Quiz

Q. 인플레이션에 대한 설명으로 옳은 것만을 모두 고르면?

> ㄱ. 현금 보유를 줄이는 데 드는 비용을 인플레이션에 따른 구두창 비용(shoeleather cost)이라고 한다.
> ㄴ. 예상치 못한 인플레이션은 사람들의 능력과 무관하게 채권자에게 유리한 방식으로 부(wealth)를 재분배한다.
> ㄷ. 인플레이션이 안정적이고 예측 가능한 경우 메뉴비용(menu cost)은 발생하지 않는다.
> ㄹ. 중앙은행이 기준금리를 인상하면 인플레이션율을 낮출 수 있다.

① ㄱ, ㄴ   ② ㄱ, ㄹ   ③ ㄴ, ㄷ   ④ ㄷ, ㄹ

[해설]

ㄴ. 예상치 못한 인플레이션은 채권자에게 불리하고 채무자에게 유리하다.
ㄱ, ㄷ 인플레이션이 예상되었더라도 메뉴비용과 구두창 비용은 발생한다.
ㄹ. 금리가 인상되면 기업들의 투자가 위축된다. 그런데 투자는 총수요를 구성하므로 총수요가 감소한다. 총수요 감소에 따라 인플레이션이 진정된다.

[정답] ②

14. 스태그플레이션이 뭐야?

　우리는 인플레이션과 함께 스태그플레이션이라는 표현도 어렵지 않게 접한다. 스태그플레이션은 스태그네이션stagnation과 인플레이션inflation을 합친 단어이다. 이제 그 의미가 무엇인지 살펴보자.

　우리는 공급법칙이 무엇인지 이야기하였다. 기업들은 상품의 가격이 상승할 때 더 많이 생산하여 판매하려고 하고, 반대로 상품의 가격이 하락하면 생산과 판매를 줄이려고 한다. 이러한 현상을 그림으로 나타낸 것이 공급곡선이고, 공급곡선은 우상향한다. 한 나라의 총생산량을 Y^s라 하고 물가수준을 P라 하면, 이러한 공급법칙을 경제 전체에 적용한 그림이 총공급aggregate supply ; AS곡선이다.

　수요법칙은 공급법칙과 반대의 내용을 담고 있다. 즉, 사람들은 상품의 가격이 하락하면 수요량을 늘리는 반면, 상품의 가격이 상승하면 수

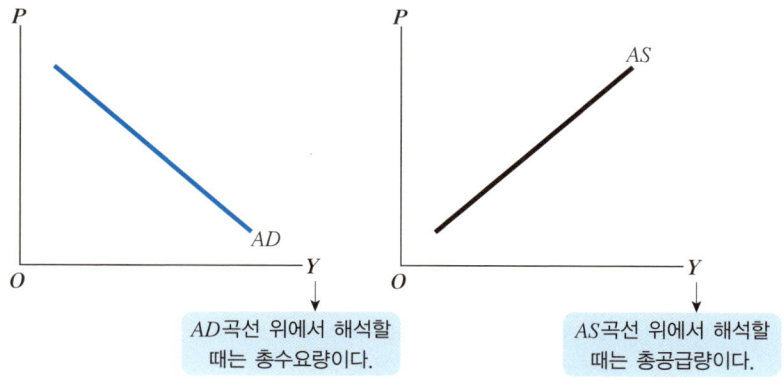

AD곡선 위에서 해석할 때는 총수요량이다.

AS곡선 위에서 해석할 때는 총공급량이다.

요량을 줄인다. 이러한 현상을 그림으로 나타낸 것이 수요곡선이고, 수요곡선은 우하향한다. 한 나라의 총수요량을 Y^D 라 하고 물가수준을 P 라 하면, 이러한 수요법칙을 경제 정체에 적용한 그림이 총수요aggregate demand ; AD곡선이다.

어떤 상품을 생산하기 위해서는 여러 가지 투입물이 필요하다. 경제학에서는 이러한 투입물을 생산요소input factor라 하는데, 각종 원자재나 원유crude oil 등 천연자원이 대표적인 예이다. 그렇다면 국제 원자재 가격이나 국제유가가 상승하면 경제에는 어떤 변화가 생기게 될까? 국제 원자재 가격이나 국제유가가 상승하는 현상은 상품의 생산비용을 증가시킬 것이다. 그러면 기업들은 자신이 생산한 상품의 가격을 예전에 비해 인상함으로써 비용의 증가를 보전하려고 할 것이다. 이것은 공급곡선이 위로 이동하는 현상으로 연결된다. 공급곡선의 높이는 상품을 생산하여 공급하는 기업들이 최소한 받고자 하는 가격minimum will to accept을 나

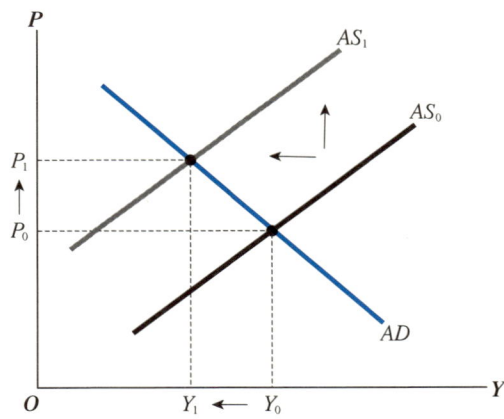

★ 생산비용이 증가하면 AS가 왼쪽 위로 이동하고, 총생산은 감소하면서 물가가 상승한다.

타내는데, 생산비용이 증가하면 상품의 가격을 더 받고자 할 것이기 때문에 공급곡선이 위로 이동한다.[8] 따라서 국제 원자재 가격이나 국제유가가 상승하면 총공급곡선은 위로 이동하여 앞의 그림과 같은 현상이 발생한다.

총공급곡선이 위로 이동하면 물가수준은 상승하고 경제의 총생산량은 줄어드는 결과가 발생한다. 이때 물가수준이 상승한다는 것은 인플레이션이 발생한다는 것이고, 총생산량이 감소한다는 것은 경기침체가 발생한다는 것인데, 이 둘이 함께 발생하는 최악의 상황이 나타나게 된다. 우리는 이를 인플레이션inflation과 경기침체stagnation가 동시에 발생한다는 의미로 스태그플레이션stagflatiom 또는 인플레그네이션inflagnation이라고 표현한다.

스태그플레이션은 경기침체를 동반하는 인플레이션인데, 이것은 생산비용의 증가 때문에 발생하는 현상이다. 이처럼 생산비용이 증가하여 인플레이션이 발생할 때 우리는 그러한 인플레이션을 비용인상 인플레이션cost-push inflation이라고 한다.

스태그플레이션, 즉 비용인상 인플레이션과는 달리 총수요곡선이 오른쪽으로 이동하면서 인플레이션이 발생할 수도 있다. 이러한 인플레이션은 수요견인 인플레이션demand-pull inflation이라고 하며, 대부분의 인

---

[8] 그런데 공급곡선이 위로 이동하는 모습을 생각해 보면 이것은 공급곡선이 왼쪽으로 이동하는 것과 다름이 없다. 공급곡선이 왼쪽으로 이동한다는 것은, 상품의 가격이 예전과 동일하다면 예전에 비해 상품의 생산과 공급을 줄인다는 의미이다. 이렇게 공급곡선을 왼쪽 위로 이동시키는 충격을 불리한 공급충격(adverse supply shock)이라고 한다.

플레이션은 수요견인 인플레이션과 관련이 있다.

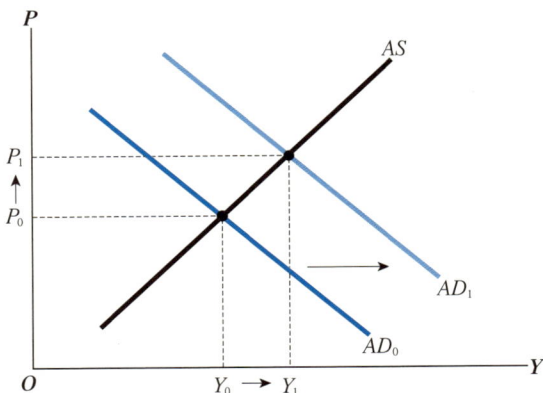

★ 총수요가 증가하여 AD가 오른쪽으로 이동하면 총생산은 증가하고 물가는 상승한다.

이처럼 인플레이션은 총공급 측면에서 발생할 수도 있고 총수요 측면에서 발생할 수도 있다.

Quiz

Q. 어느 경제에 불리한 공급 측 충격이 발생하였다고 하자. 이와 관련한 설명으로 옳지 않은 것을 골라라.

① 스태그플레이션이 발생할 수 있다.
② 총수요 관리 정책을 통해 경기를 부양하고자 한다면 물가 상승 압력을 감수해야 한다.
③ 유가 상승이 그 원인일 수 있다.
④ 중앙은행은 긴축적 금융정책을 펼침으로써 문제를 해결할 수 있다.
⑤ 실업률이 상승한다.

[해설]
불리한 공급충격 발생 시 총수요 관리 정책을 통해서는 물가와 소득 중 어느 하나만을 잡을 수 있다. 중앙은행이 긴축적 금융정책을 펼친다면 총수요가 감소하여 물가는 하락하겠으나 소득은 더욱 감소한다.

[정답] ④

15. 뱅크런은 뭐고 예금보험제도는 뭐야?

우리는 "금융시장", "금융기관" 같은 단어를 자주 접하며 살아간다. "금융"은 무슨 뜻일까? 금융金融이라는 단어는 자금의 융통을 줄인 말이다. 즉, 자금에 여유가 있는 사람들이 누군가에게 자금을 공급하고, 자금이 필요한 사람들이 누군가로부터 자금을 조달해 오는 행위를 금융이라고 생각하면 된다. 그리고 이렇게 자금이 거래되는 시장을 금융시장financial market이라고 한다. 금융시장은 직접금융시장과 간접금융시장으로 구별된다.

자금을 공급하는 사람들과 자금을 필요로 하는 사람들이 직접 만나서 거래하는 금융시장을 직접금융시장direct financial market이라고 한다. 예를 들어, 자금이 필요한 어떤 기업이 채권 또는 주식을 발행하여 누군가가 그 채권 또는 주식을 구입해 주면 이러한 시장을 직접금융시장이라고 생각하면 된다. 그런데 자금이 필요한 기업들은 누구에게서 필요한 자금을 조달할 수 있을지를 탐색해야 하고, 반대로 자금에 여유가 있는 사람들은 자신의 자금을 누구에게 공급하는 것이 좋을지 탐색해야 하는 등 자금의 거래에 비용이 발생하게 된다. 단적으로, 자금에 여유가 있는데도 누군가에게 이 자금을 공급하여 수익을 얻을 기회를 얻지 못하거나, 좋은 투자 기회가 있는데도 자금을 조달하지 못하여 그 기회를 활용하지 못하는 사람들이 생겨날 수도 있다.

수많은 자금 공급자와 수요자를 효과적으로 연결해 주는 역할을 누군가가 담당한다면 금융시장은 더욱 원활하게 작동할 수 있을 것이다. 이처럼 자금을 조달financing하여 자금을 배분allocating하는 역할을 금융중개金融仲介라고 하며, 이러한 역할과 기능을 담당하는 기관을 금융기관이라고 표현한다. 이렇게 자금의 공급자와 수요자 사이에 금융기관이 존재하는 금융시장을 간접금융시장indirect financial market이라 표현한다.

대표적인 금융기관이 바로 은행이다. 우리가 은행에 예금을 하면 은행은 예금을 바탕으로 자금이 필요한 사람들에게 대출을 해주는데, 우리는 예금이 어디에 어떻게 쓰이는지를 잘 몰라도 은행을 믿고 맡기는 셈이며, 예금에 대한 이자를 획득하게 된다. 마찬가지로 기업들은 자금 공급자를 직접 찾아다닐 필요 없이 은행에서 자금을 조달하면 되고, 그 대가로 이자를 지불하게 된다. 이처럼 은행의 역할 덕분에 자금이 보다 원활하게 거래될 수 있다.

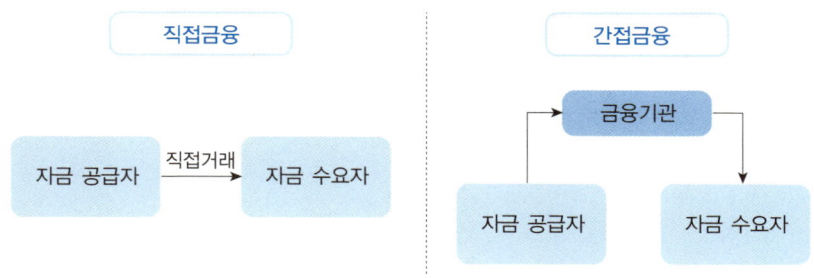

우리가 은행에 예금을 하면, 은행은 받은 예금을 모두 금고에 넣어 보관하는 것이 아니다. 예를 들어 우리가 은행에 100만 원을 예금하면 은행은 그중에서 5만 원 정도를 금고에 보관하고 나머지 95만 원은 다른

사람에게 대출하는 데 사용할 수 있다. 은행이 우리의 예금에 대해 지급하는 이자를 예금이자라고 하며, 은행이 대출해 준 사람들에게 받는 이자를 대출이자라고 한다. 이때 예금이자가 5%이고 대출이자가 7%라면 은행은 7% − 5% = 2%의 수익을 얻게 된다. 예금이자와 대출이자의 차이를 예대마진이라 하며, 이것이 바로 은행이 수익을 얻는 원천이다.

그리고 은행은 예금을 받으면 이 중에서 일부만 준비금으로 갖고 있으면 되는데, 이러한 시스템을 가리켜 부분지급준비제도fractional reserve system라고 한다. 이러한 부분지급준비제도에서 은행은 예금이자와 대출이자의 차이를 통해 수익을 얻을 수 있다.

그런데 내가 은행에 100만 원을 예금으로 맡겼는데 은행이 그중에서 5만 원만 남기고 나머지 95만 원을 다른 사람에게 대출해 주는 데 사용한다면, 혹시 내가 100만 원을 인출하려고 할 때 은행은 어떻게 예금을 지급할 수 있을까? 다행히도 그 은행에 예금을 맡기는 사람은 나 말고도 더 있기 때문에 은행은 여러 예금주들에게 받은 예금의 준비금들로 예금 인출 요구에 큰 문제 없이 대응할 수 있다. 예를 들어 나와 같이 100만 원을 예금하는 사람들이 100명이라면 은행이 보유하는 준비금이 500만 원이 되므로 나의 예금 인출 요구에 문제없이 대처할 수 있다.

만약 은행에 예금을 맡긴 100명 중에서 10명이 한꺼번에 은행에 찾아가서 자신의 예금 100만 원을 인출해 달라고 하면 어떻게 될까? 은행은 현재 500만 원의 준비금을 갖고 있는데, 10명의 예금주가 각각 100만 원씩 인출을 요구하므로 은행은 총 1,000만 원을 지급해야 한다. 따라서 10명 중에서 은행에 먼저 찾아간 5명은 자신의 예금을 정상적으로 인출할 수 있지만 뒤늦게 은행을 찾아간 5명은 예금을 되찾지 못하는 상황이 발생한다. 그리고 은행은 예금을 맡긴 사람들에게 예금을 정상적으로 지급하지 못하는 위기에 직면하게 된다. 이러한 현상을 대규모 예금인출 사태 또는 뱅크런bank run이라고 한다.

자, 이제 우리는 여기서 두 가지 사실을 확인할 수 있다. 먼저, 부분지급준비제도이기 때문에 은행이 수익을 획득할 수 있다는 것이다. 앞에서 이야기하였듯이, 금융시장에서 자금의 공급자들과 수요자들을 효과적으로 연결해 주는 금융기관 덕분에 금융시장이 원활하게 작동할 수 있는데, 대표적인 금융기관이 바로 은행이다. 따라서 은행에게 수익이 발생할 수 있어야 은행이 존재하게 될 텐데, 이것을 가능하게 하는 것이 바로 부분지급준비제도이다. 만약 예금을 모두 준비금으로 부유하고 있어야 하는 상황이라면 은행은 금융기관이 아니라 금고 역할만을 하게 될 것이다.

두 번째로, 부분지급준비제도가 매우 불안정한 시스템이라는 것이다. 은행은 예금의 일부만을 준비금으로 보유하는 상황에서, 많은 사람들이 한꺼번에 예금을 인출하려고 하면 문제가 생길 수 있다. 그런데도 은행에 큰 문제가 발생하지 않는 이유는 바로 "은행이 나에게 내 예금을 지급하지 못하는 일은 생기지 않을 거야"라는 믿음 때문이다. 따라서 이러한 믿음이 유지되는 이상 사람들이 불안한 마음에 한꺼번에 은행으로 달려가 예금을 인출하려는 행동은 나타나지 않을 것이고, 부분지급준비제도의 금융시장은 문제없이 잘 작동할 것이다. 그러나 이러한 믿음이 무너지면 사람들은 다들 자신이 다른 사람들보다 먼저 은행에 달려가서 예금을 인출하려고 할 것이고, 다른 사람들이 은행으로 달려가서 예금을 인출하는 모습을 목격한 또 다른 사람들 역시 불안한 마음에 자신도 은행에 달려가서 예금을 인출하려는 연쇄적인 현상이 나타날 수 있다. 결국, 이러한 경쟁적 예금 인출 상황만 발생하지 않는다면 별문제 없이 자신의 역할을 담당할 수 있었을 은행들조차도 난처한 상황에 처하게 된다.

우리는 부분지급준비제도의 금융시장이 문제없이 잘 돌아가기 위해서는 은행의 예금 지급 능력에 대한 믿음이 유지되어야 한다는 것을 알게 되었다. 그렇다면 어떻게 해야 이러한 믿음이 유지될 수 있을까?

은행은 예금을 받아서 이것으로 다른 누군가에게 대출을 하여 수익을 만들어낸다. 이때 은행으로부터 대출을 받은 사람들이 돈을 제대로 갚지 못하는 일이 생기면, 은행은 자신에게 예금을 맡긴 사람들에게 예금을 제대로 지급하지 못하는 일이 생겨날 수 있다. 따라서 은행이 누군가에게 대출해 줄 때, 돈을 빌리려는 사람이 잘 갚을 능력이 있는 사람인지를 면밀하게 들여다봐야 한다. 금융당국은 은행들이 이러한 판단을 제대로 하고 있는지 감시하고 감독하게 되는데, 이것을 은행 건전성 규제bank prudential regulation라고 한다.

건전성 규제에는 다양한 내용들이 포함되어 있는데, 자기자본 규제capital regulation가 또 하나의 대표적인 예이다. 즉, 은행이 누군가에게 대출해 준 돈이 제대로 회수되지 못하면 예금주들에게 예금을 지급하기 어려운 상황이 발생할 수 있으므로, 그러한 상황에 대비하여 은행 스스로 자신의 자본으로 비상금을 어느 정도 갖고 있어야 한다는 것이다.

이러한 관리와 감독에도 대규모 예금 인출 사태가 발생하여 은행이 예금을 지급하지 못하는 일이 생겨나면, 그 은행에 예금을 맡긴 사람들에게 큰 피해가 발생한다. 이때 누군가가 은행을 대신해서 예금을 지급한다면 그러한 피해를 줄일 수 있을 것이다. 따라서 은행은 평소에 예금보험회사의 보험에 가입하여 보험료를 납부하고, 만약 예금주들에게 예금을 지급하지 못하는 상황이 발생하면 예금보험회사가 예금주들에게 은행을 대신하여 예금을 지급하도록 하고 있다. 이 제도가 바로 예금보험제도deposit insurance system이다. 예금보험제도가 도입되면 은행에 예금을 맡긴 사람들의 불안함이 줄어들 것이다. 혹시나 은행이 예금을 스스로 지급하지 못하는 입장이 되더라도 예금보험회사가 대신 예금을 지급할 수 있으므로, 예금주들은 불안한 마음에 은행에 달려가 예금을 인출하지 않아도 된다고 생각하기 때문이다.

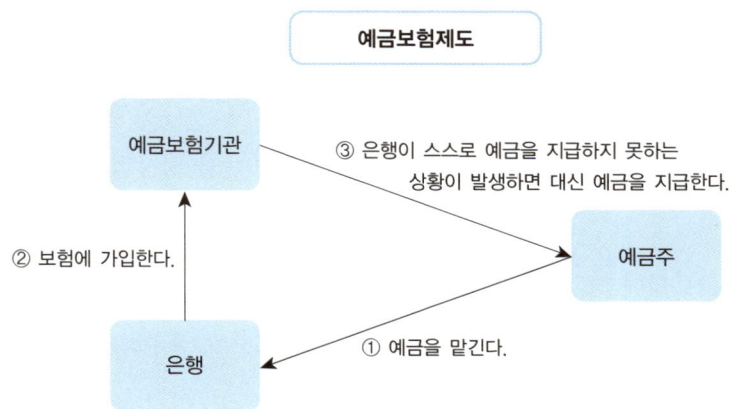

예금보험제도는 은행에 예금을 맡긴 사람들이 한꺼번에 은행에 달려가 예금을 인출하려는 현상을 방지하는 기능이 있으며, 실제로 은행이

예금을 지급하지 못하는 상황이 발생하였을 때 예금주들의 피해를 최소화하는 기능을 가진다. 전자를 사전적 예방 기능, 후자를 사후적 구제 기능이라고 표현하기도 한다.

예금보험제도는 이상에서 이야기한 것과 같은 긍정적인 기능을 가지면서 동시에 부작용이 생길 가능성도 있다. 대표적인 부작용이 바로 도덕적 해이이다. 도덕적 해이가 무엇인지에 대해 이야기한 것을 기억할 것이다. 상대방이 어떤 행동을 하는지 잘 모르는 상황에서, 상대방이 나의 물질적 이득 측면에서 볼 때 바람직하지 않은 행동을 하는 현상이 도덕적 해이이다.

예금보험제도가 도입되면 은행의 도덕적 해이가 생길 수 있다. 이제 좀 더 구체적으로 이야기해 보자. 은행은 사람들로부터 예금을 받아 이것을 종잣돈 삼아 다른 사람들에게 대출하는 데 사용한다. 이것이 은행이 수익을 창출하는 기본적인 방법이다. 그런데 은행은 사람들에게 대출을 해줄 때, 대출을 받아 가려는 사람들이 과연 빌려 간 돈을 잘 갚을 수 있을지를 면밀하게 심사한다. 그래야 대출해 준 돈을 정상적으로 되돌려 받아 예금을 맡긴 사람들에게 되돌려줄 수 있기 때문이다. 그런데 은행이 예금보험에 가입한 상황이라면, 은행이 누군가에게 대출을 해줄지를 결정할 때, 돈을 빌려 간 사람이 그 돈을 정상적으로 상황하지 못하는 일이 발생하여 은행이 대출해 준 돈을 정상적으로 회수하지 못하고 예금을 맡긴 사람들에게 예금을 되돌려주지 못하는 일이 발생하더라도 예금보험을 담당하는 기관이 예금을 대신 예금을 지급할 것이므로, 은행은 예전만큼 면밀하고 신중하게 심사하지 않는 현상이 나타날 수 있다. 이것은 예금보험을 담당하는 기관 입장에서, 실제로 자신이 예금을 대신 지급해야 할 일들을 더 많이 만들어내는 현상이 된다. 즉, 예금보험을 담당하는 기관의 입장에서 볼 때 은행이 바람직하지 않은 행동을 하는 도덕적 해이가 발생할 수 있다는 의미이다.

또 다른 부작용은 은행에 예금을 맡기는 사람들의 도덕적 해이이다. 은행에 예금을 맡기는 행동은 사실상 은행에 돈을 빌려주고 이자를 받는 행동이다. 따라서 예금을 맡기려는 사람은 은행이 빌려 간 돈을 문제없이 잘 상환할 수 있는지 잘 살펴보고 그 은행이 예금을 할지 말지 결정해야 한다. 만약 예금보험제도가 도입되지 않은 상황이라면, 예금을 맡겨 놓은 은행이 예금을 제대로 지급하지 못하는 일이 생길 경우 예금을 맡긴 사람은 손해를 경험할 수 있으므로, 은행에 예금을 맡기려고 할 때 그 은행이 예금을 문제없이 지급할 수 있는 은행인지를 따져보고 결정할 것이다. 그런데 예금보험제도가 도입되면 이야기가 달라진다. 예금을 맡겨둔 은행에 문제가 생겨서 은행 스스로는 예금을 지급하지 못하는 상황이 발생하더라도 예금보험을 담당하는 기관이 예금주들에게 예금을 대신 지급하게 될 것이므로 사람들은 은행에 예금을 맡기려고 할 때 예전에 비해 덜 신중하게 행동할 가능성이 높다. 즉, 예금보험제도가 도입됨에 따라, 예전 같으면 사람들이 예금을 맡기기 꺼리던 은행에도 예금을 맡기는 행동이 나타나게 된다. 사람들의 이러한 행동은 예금보험을 담당하는 기관이 사람들에게 예금을 대신 지급하는 일이 늘어나게 만들 가능성이 높다. 이것은 예금보험기관의 입장에서 볼 때 은행에 예금을 맡기는 사람들의 도덕적 해이가 된다.

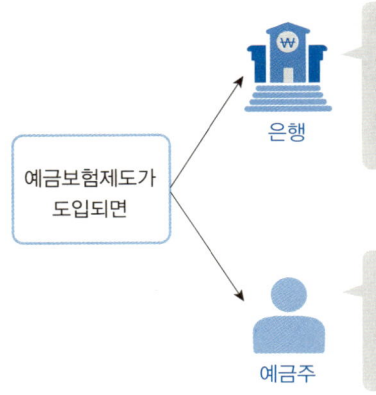

　예금보험제도가 도입되는 경우 발생할 수 있는 이러한 도덕적 해이를 줄이기 위해 다음의 두 가지 방법을 생각해 볼 수 있다. 첫째, 은행별로 예금보험에 대한 보험료를 차별화하는 것이다. 즉, 은행은 평소에 예금보험기관에 보험료를 납부하는 조건으로 예금보험에 가입하게 되는데, 예금보험기관은 그 은행이 예금을 얼마나 안전한 곳에 대출을 해준 상태인지를 따져서 보험료를 달리 책정하는 방법이다. 예를 들어 그 은행이 대출해 준 돈을 제대로 회수하기 어려울 것이라고 판단하면 보험료를 많이 받고, 반대로 별다른 문제 없이 회수할 수 있을 것이라고 판단하면 보험료를 적게 받는 방법이다. 이렇게 차등보험료 제도를 도입하면 은행은 자신의 보험료 부담을 줄이기 위해서라도 대출을 신중하게 결정할 것이다.

　둘째, 예금보험기관이 예금주들에게 예금을 대신 지급해 주는 금액의 상한선을 설정하는 것이다. 은행이 예금을 지급하지 못하는 상황이 발생했을 때 예금보험기관이 예금주들의 예금을 전부 다 대신 지급하는 것이 아니라, 일정 한도까지만 지급하도록 하면 사람들이 은행에 예금을 맡길 때보다 신중하게 생각하는 효과를 기대할 수 있다. 우리나라의 경우 1인당 예금보험 한도가 2025년 9월 1일부터 5천만 원에서 1억 원으로 늘어났다.

Quiz

Q1. 예금 인출 사태(bank run) 및 예금보험(deposit insurance)에 대한 다음 설명 중 틀린 것은?

① 예금 인출 사태는 은행이 예금을 지급하지 못할 것으로 우려되는 경우에 발생한다.

② 은행은 부채에 비해 자산의 유동성이 낮기 때문에 예금 인출 사태로 부도 상황에 직면하게 된다.

③ 예금보험제도는 은행이 지급불능에 처할 경우 예금자들을 보호하기 위해 은행 대신 정부가 예금 지급을 약속하는 것이다.

④ 예금보험제도의 문제점은, 은행이 적정 수준을 넘어서는 위험자산을 보유하려는 잠재적 도덕적 해이(moral hazard)를 유발할 수 있다는 것이다.

⑤ 은행에 대한 자기자본 규제(capital requirement)는 은행의 자본을 일정한 용도로 운용토록 제한하는 규정이다.

Q2. 다음 중 부분지급준비제도에 대한 내용으로 옳지 않은 것은?

① 예금은행을 통한 신용창조의 근간이 된다.

② 예금에 대한 이자 지급을 가능케 한다.

③ 때때로 중앙은행의 최종대부자 기능을 필요로 할 수 있다.

④ 지급준비율이 하락할수록 통화승수가 증가하여 중앙은행이 통화량을 더욱 더 완벽하게 통제할 수 있게 된다.

[해설]
지급준비율이 하락할수록 은행들은 더욱 활발하게 대출 활동을 할 수 있어 통화량이 크게 증가하게 되므로 중앙은행이 통화량을 통제하는 것이 어렵게 된다.

[정답] Q1. ⑤   Q2. ④

CHAPTER 03

국경을 넘나드는 경제 이야기

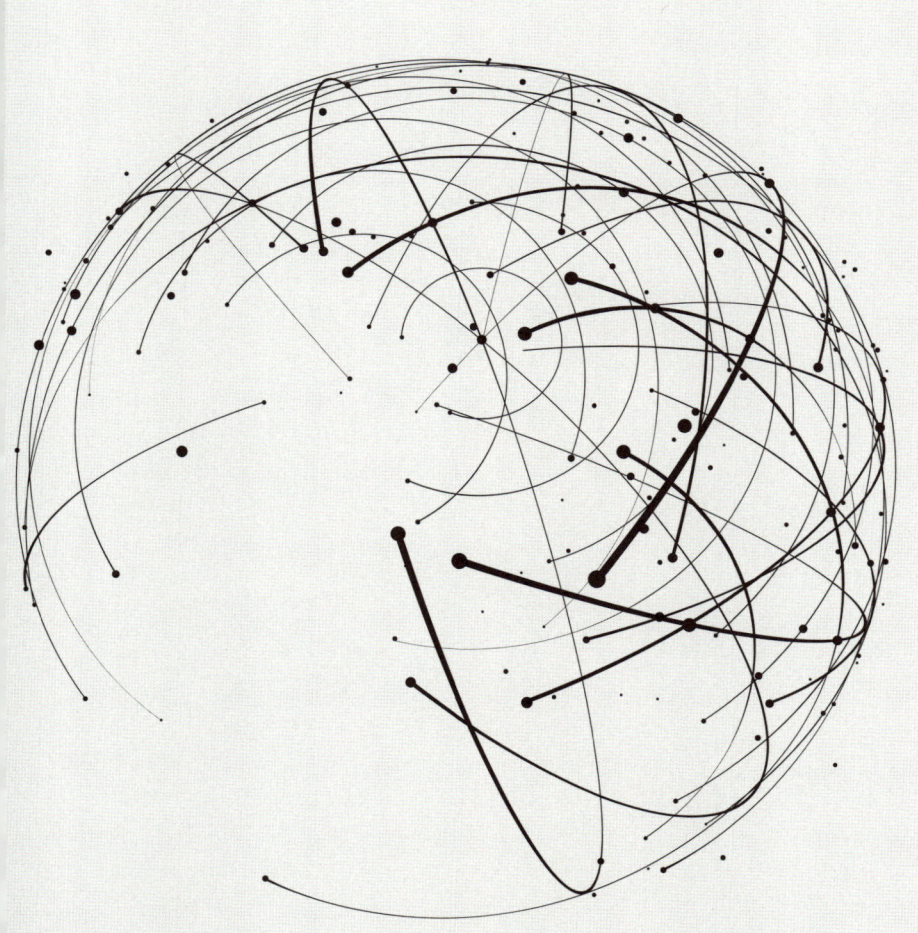

1. 왜 무역을 하는 거야?

우리는 일상생활에서 무역이라는 표현을 꽤 자주 만나게 된다. 무역은 다른 나라에 무언가를 수출하면서 또 다른 무언가를 수입하는 현상이라 생각하면 된다. 예를 들어 한국이 미국에 자동차를 수출export하고 미국으로부터 밀가루를 수입import하는 상황을 생각해 보자.

한국이 미국에 자동차를 수출한다는 것은 미국의 자동차 소비자들이 한국의 자동차를 소비하기를 원한다는 의미인데, 가장 중요한 이유는 한국의 자동차가 미국의 자동차에 비해 가격이 저렴하다는 데 있다. 또한 한국이 미국으로부터 밀가루를 수입한다는 것은 한국의 밀가루 소비자들이 미국의 밀가루를 소비하기를 원한다는 것인데, 이것 역시 미국의 밀가루 가격이 상대적으로 저렴하기 때문일 것이다. 즉, 한 국가가 무언가를 수출하게 된다면 이것은 그 국가가 그 상품을 다른 국가에 비해 낮은 가격으로 공급할 능력을 가졌기 때문이다. 어떤 상품을 다른 국가에 비해 낮은 가격으로 공급할 능력을 갖고 있을 때 그 국가는 비교우위comparative advantage를 갖는다고 표현한다. 위의 한국과 미국의 예에서 한국은 자동차 생산에 비교우위를, 미국은 밀가루 생산에 비교우위를 갖는다고 표현한다. 그렇다면 무역은 왜 하는 것일까?

> **한국** : 자동차 생산에 비교우위 → 자동차를 수출
> **미국** : 밀가루 생산에 비교우위 → 밀가루를 수출

무역貿易은 교역交易이라고도 표현하는데, 말 그대로 교환trade을 의미한다. 즉, 한 국가가 다른 국가에 무언가를 수출하고 다른 국가로부터 다른 무언가를 수입하는 현상은 국가들이 상품들을 교환하는 현상이다. 이처럼 국가들이 상품을 교환하는 현상을 무역이라 표현한다고 보면 된다. 그렇다면 한 국가는 왜 다른 국가와 상품을 교환하려 할까? 이 물음에 답하기 위해 먼저 경제학에서 자주 등장하는 상대가격relative price에 대해 생각해 보자.

두 가지 상품 X와 Y가 있다. X의 가격이 10,000원이고 Y의 가격이 5,000원일 때 10,000원과 5,000원을 절대가격absolute price이라 표현한다. 이걸 줄여서 가격이라고 이야기하는 것이다. 그런데 시장에서 X와 Y가 교환될 상황이 생긴다면 1개의 X와 2개의 Y가 교환될 것이다. 즉, X를 갖고 있는 사람은 X를 1개 내놓으면 그 대가로 Y를 2개 획득할 수 있고, Y를 갖고 있는 사람은 Y를 1개 내놓으면 X를 0.5개 획득할 수 있는 것이다. 이때 1개의 X와 교환되는 Y의 개수는 $\frac{10,000}{5,000} = 2$가 되는데, X의 가격을 P_X, Y의 가격을 P_Y라 할 때 $\frac{P_X}{P_Y}$라고 나타낼 수 있다. 우리는 $\frac{P_X}{P_Y}$를 X의 (Y에 대한) 상대가격이라 부르며, 이것은 1개의 X와 교환될 수 있는 Y의 개수를 의미한다. 즉, 상대가격은 상품이 교환되는 비율을 나타낸다.

> 절대가격 $\begin{cases} X\text{의 가격}(P_X) = 10,000원 \\ Y\text{의 가격}(P_Y) = 5,000원 \end{cases}$
>
> $\dfrac{P_X}{P_Y} = \dfrac{100,000원}{5,000원} = 2 \begin{cases} X\text{를 1개 주면 } Y\text{재를 2개 얻는다.} \\ Y\text{를 1개 주면 } X\text{재를 } \dfrac{1}{2}\text{개 얻는다.} \end{cases}$
>
> → X와 Y의 교환비율은 "1개의 X와 2개의 Y"이다.
> → 이것을 상대가격이라고 한다.

자 이제 다시 무역으로 돌아가서, 왜 한 국가가 다른 국가와 무역을 하려고 하는지 이야기해 보자. A국과 B국이 있다고 하자. 그리고 X의 상대가격인 $\dfrac{P_X}{P_Y}$를 p라고 나타내 보자. 현재 A국에서는 X의 상대가격이 1, B국에서는 X의 상대가격이 2라면 $p_A = 1$, $p_B = 2$라고 나타낼 수 있다. 이런 상황에서 두 국가가 무역을 하는 것이 가능해지면, 두 국가는 각각 무엇을 수출하고 무엇을 수입하려고 할까?

$p_A = 1$이라는 것은 A국에서 X를 판매하는 기업은 X를 1개 판매하면 그 대가로 Y를 1개 획득할 수 있다는 뜻이다. 반면 $p_B = 2$라는 것은 B국에서 1개의 X와 2개의 Y가 교환되고 있음을 뜻한다. 따라서 A국에서 X를 판매하는 기업은 자신이 생산하는 X를 A국에 판매하기보다는 B국에 판매하고자 할 것이다. 똑같은 X인데도 이것을 A국에 판매하면 1개의 Y를 획득할 수 있는데 B국에 수출하면 2개의 Y를 획득할 수 있기 때문이다. 즉, A국은 B국에 X를 수출하고 그 대가로 Y를 수입하려고 할 것이다.

이제 B국의 입장을 생각해 보자. $p_B = 2$라는 것은, B국에서 Y를 판매하는 기업은 Y를 1개 판매하면 그 대가로 X를 0.5개 획득할 수 있다는 뜻이다. 반면 $p_A = 1$이라는 것은 A국에서 1개의 X와 A개의 Y가 교환되고 있음을 뜻한다. 따라서 B국에서 Y를 판매하는 기업은 자신이 생산하는 Y를 B국에 판매하기보다는 A국에 판매하고자 할 것이다. 똑같은 Y인데도 이것을 B국에 판매하면 1개의 X를 획득할 수 있는데 A국에 수출하면 2개의 X를 획득할 수 있기 때문이다. 즉, B국은 A국에 Y를 수출하고 그 대가로 X를 수입하려고 할 것이다.

$$\left(\frac{P_X}{P_Y}\right)_{A국} < \left(\frac{P_X}{P_Y}\right)_{B국} \quad 이면 \quad A국 \underset{Y를\ 수출}{\overset{X를\ 수출}{\rightleftarrows}} B국$$

☞ 각국은 타국에 비해 상대가격이 낮은 상품을 수출한다.

이제 우리는 국가 간에 무역이 왜 생겨나는지 알 수 있다. 두 국가가 무역을 하기 이전에 갖고 있던 (상대)가격이 서로 다르기 때문에 무역이 발생하며, 각 국가는 자신이 비교우위를 갖는 상품을 다른 국가에 수출한다.

2. 관세는 왜 부과하는 거야?

미국이 한국이 생산한 승용차를 수입하는 상황을 생각해 보자. 미국에서도 승용차가 생산되고 있는데 미국이 한국산 승용차를 수입하는 이유는 미국 국민들이 한국산 승용차를 원하기 때문이다. 예를 들어 크기나 성능이 비슷한 미국산 승용차와 한국산 승용차가 있을 때, 한국산 승용차의 가격이 더 저렴하다면 미국 국민들 중에는 한국산 승용차를 구입하려는 사람들이 있을 것이다.

연간 10,000대가 판매되는 미국의 승용차 시장을 상상해 보자. 만약 미국이 한국과 무역을 하지 않는 상황이라면 미국에서 판매되는 10,000대의 승용차는 모두 미국산 승용차일 것이다. 그런데 미국이 한국과 무역을 하게 되었고, 한국으로부터 5,000대의 승용차가 수입된다면 어떤 변화가 생길까? 무역으로 인해 미국의 자동차 기업들은 판매량이 감소한다. 한국산 승용차가 수입되지만 않았더라면 자신들이 생산한 승용차가 판매되었을 텐데 한국산 승용차가 수입되는 바람에 미국산 승용차의 판매가 줄어드는 현상이 생기는 것이다. 미국산 승용차의 판매량이 감소하면 미국 자동차 기업들은 재고가 증가하는 경험을 할 것이고, 승용차 생산을 줄이게 된다. 자동차의 생산이 줄어들면 자동차의 생산에 종사하는 노동자의 수 역시 줄어들게 되는데, 이것은 결국 일자리의 감소로 연결된다. 즉, 자동차 회사에 출근을 하던 사람들 중에서 일부가 일자리를 잃게 되는 실업 문제가 발생한다. 어떤 가족의 생계를 담당하는 아버지 또는 어머니가 어느 날 부터 회사에 출근하지 못하는 일이 생기는 것이다. 그러면 그 가족은 생활을 위해 필요로 하는 소득이 줄어들게 되고, 결국 씀씀이를 줄일 수밖에 없다.

씀씀이를 줄인다는 것은 소비를 줄인다는 말인데, 예를 들어 식료품 소비를 줄인다든지 옷 구입을 줄인다든지 하는 것이다. 그 결과 식료품과 옷의 판매가 감소하면, 식료품을 생산하는 기업들과 옷을 생산하는 기업들 역시 생산을 줄이는 현상이 발생한다. 그러면 그 기업들에 종사하는 노동자들의 일자리가 줄어드는 악순환이 발생하는 것이다.

> 국산품보다는 수입품을 소비하면 → 수입량 증가 → 국산품 판매 감소
> → 국산품 생산하는 기업의 생산 감소
> → 국산품 생산하는 기업들이 예전보다 노동력을 덜 필요로 함
> → 일자리 및 임금 감소 → 가계 소득 감소 → 소비 감소
> → 기업들 판매 감소 → 생산 감소 → … **악순환**

이처럼 한 국가가 다른 국가로부터 어떤 상품을 수입하게 되면 그 상품과 경쟁을 하는 국산품의 판매가 감소하여 위와 같은 문제가 발생할 수도 있다. 이러한 문제를 해결하기 위해 미국이 생각할 수 있는 대표적인 방법이 바로 한국에서 수입되는 자동차에 대해 관세$_{tariff}$를 부과하는 것이다.

관세$_{關稅}$는 통행료 또는 입장료라고 생각하면 된다. 즉, 외국의 상품

이 국경을 통과하여 자국으로 들어올 때 부과하는 세금이다. 예를 들어 미국 승용차 시장에서 판매되는 한국산 승용차의 가격이 20,000달러이고 미국산 승용차의 가격이 21,000달러여서 미국 국민 중 일부가 가격이 저렴한 한국산 자동차를 구입하는 상황을 생각하자. 만약 미국 정부가 한국산 승용차에 대해 2,000달러의 관세를 부과하면 미국에 승용차를 수출하는 한국 기업은 미국 시장에서 승용차를 판매할 때 일단 22,000달러를 가격으로 받고 그중에서 2,000달러를 미국 정부에 관세로 납부함으로써 이전처럼 승용차 1대당 20,000달러를 획득하려고 할 것이다. 그러나 미국의 소비자 입장에서 보면 미국산 승용차에 비해 한국산 승용차의 가격이 더 비싸졌으므로, 한국산 승용차를 구입하는 대신 미국산 승용차를 구입하는 것이 더 유리하게 된다. 이것은 결과적으로 미국의 한국산 승용차 수입량 감소와 미국산 승용차 판매량의 증가로 연결된다. 따라서 미국의 승용차 생산은 증가하고, 위에서 살펴본 효과와 반대되는 긍정적인 효과가 생기게 되는 것이다. 게다가 미국 정부는 관세를 거둠으로써 정부 재정에도 도움이 되는 효과를 기대할 것이다.

> 수입품에 관세 부과 → 수입품 가격 비싸짐 → 수입품보다는 국산품을 소비하게 됨 → 국산품 판매 증가 → 국산품 생산하는 기업 생산 증가 → 더 많은 노동력이 필요함 → 일자리 및 임금 증가 → 가계 소득 증가 → 소비 증가 → 기업들 판매 증가 → … *선순환*

3. 관세전쟁이 뭐야?

　　미국이 수입품에 대해 관세를 부과하면 미국 안에서 수입품의 가격이 비싸짐에 따라 소비자들은 수입품보다는 국산품을 소비하게 된다. 즉, 미국 내에서 수요가 수입품에서 국산품으로 전환되는 효과가 발생하는데, 이러한 효과를 지출전환expenditure switching이라고 한다. 그 결과 미국의 생산이 늘어나고 일자리가 늘어나는 등 경제가 보다 활발하게 운행하는 효과를 누릴 수 있다.

　　그런데 미국에 상품을 수출하는 다른 국가의 입장에서 생각해 보자. 미국에 상품을 수출하는 국가는 이전에 비해 수출이 줄어든다. 수출이 줄어든다는 것은 그 국가가 생산하는 상품의 판매량이 이전에 비해 감소한다는 의미이므로 그 국가의 생산량이 감소하는 영향을 받게 될 것이다. 그러면 일자리가 줄어들고 가계의 소득이 감소하므로 가계는 소비를 줄일 것이다. 가계의 소비가 줄어들면 기업들은 이전에 비해 판매량이 감소하는 경험을 할 것이므로 또다시 생산을 줄이는 악순환이 발생한다. 결국 그 국가는 경기침체를 경험할 가능성이 높아진다.

　　이처럼 미국이 수입품에 관세를 부과하면 미국의 경기 상황은 호전되는 효과가 생기는 반면, 미국에 상품을 수출하는 국가들은 경기 상황이 악화되는 영향을 받게 된다. 따라서 한 국가가 수입품에 관세를 부과하면 다른 국가가 그 피해를 보게 되는 현상을 인근궁핍화beggar-thy-neighbour라 표현하기도 한다.

자국이 수출하는 상품에 대해 상대국이 관세를 부과할 때 자국도 상대국으로부터 수입하는 상품에 대해 관세를 부과함으로써 맞대응을 하는 경우를 우리는 심심치 않게 목격하게 된다. 이러한 관세를 보복관세retaliatory tariffs라고 한다.

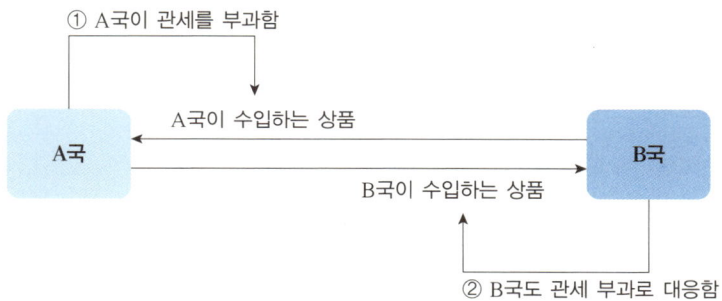

이렇게 각국이 상대국으로부터 수입하는 상품에 대해 서로 관세를 부과하는 현상을 관세전쟁tariff war이라고 한다. 여기서 중요한 점은, 두 국가가 모두 자유무역을 선택하는 경우와 달리 두 국가가 모두 관세를 부과하는 경우 두 국가 모두 손실을 경험하게 된다는 것이다.

		B국	
	B국의 선택 A국의 선택	자유무역	관세 부과
A국	자유무역	100 / 100	75 / 150
	관세 부과	150 / 75	85 / 85

즉, 한 국가가 자국의 이득을 위해 수입품에 관세를 부과하면, 그 상품을 수출하는 상대국은 손실을 경험하게 된다. 그러면 상대국 역시 수입하는 상품에 대해 관세를 부과함으로써 그러한 손실을 만회하려고 할 때 두 국가 사이에 관세전쟁이 발생하며, 결국 두 국가는 모두 손실을 경험하게 되는 역설적인 현상이 발생한다. 따라서 무역에 참여하는 국가들이 자국의 이득을 위해 수입품에 관세를 부과하려는 유혹에 넘어가지 않도록, 일방적인 관세 부과를 금지하는 국제적인 규칙의 필요성이 생겨난다.

이러한 필요성을 반영한 것이 바로 세계무역기구World Trade Organization ; WTO이다. 1995년에 출범한 WTO는 국가 간에 무역분쟁이 발생하는 경우 무역과 관련된 규칙을 통해 분쟁을 해결하고, 자유무역이 유지되고 확대될 수 있도록 국가 간의 무역을 관리하고 감독하는 역할을 담당한다.

4. 환율은 왜 자꾸 변해?

요즘 우리는 환율이라는 단어를 자주 접하고 이야기한다. 환율換率은 교환비율의 줄임말이고, 영어로는 exchange rate이다. 즉, 서로 다른 화폐단위를 사용하는 국가들 사이에 화폐가 교환되어야 할 일이 있을 때, 화폐가 교환되는 비율이 바로 환율이다. 그리고 이렇게 서로 다른 국가의 화폐가 교환되는 시장을 외환시장foreign exchange market이라 한다.

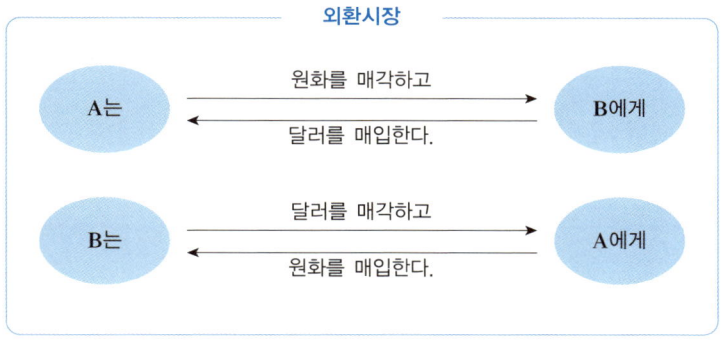

예를 들어 한국의 어떤 수입업자가 미국으로부터 상품을 수입하는 과정에서 1,000달러를 지불해야 하는 상황을 생각해 보자. 현재 외환시장에서 1달러가 1,400원에 거래되고 있다면 우리는 환율이 1달러당 1,400원이라고 표현하거나 또는 $\frac{1,400원}{1달러}$이라고 표현한다. 따라서 한국의 수입업자는 1,000달러를 획득하기 위해 외환시장에서 1,400,000원

을 지불해야 한다. 그런데 만약 잠깐 사이에 환율이 $\frac{1,410원}{1달러}$이 된다면 1,000달러를 획득하기 위해 이제는 1,400,000원이 아니라 1,410,000원이 필요하게 된다.

방금 살펴본 예에서 환율이 $\frac{1,400원}{1달러}$에서 $\frac{1,410원}{1달러}$으로 변하는 현상을 환율의 상승이라고 표현한다. 환율을 $\frac{××원}{1달러}$이라고 표현할 때, 환율이 상승한다는 것은 1달러를 획득하기 위해 더 많은 원화가 필요해진다는 의미이다. 즉, 환율이 상승한다는 것은 달러의 가격이 비싸진다는 의미인데, 이는 거꾸로 생각하면 달러에 비해 원화의 가치가 하락한다는 의미이기도 하다. 즉, 원-달러 환율이 상승한다는 것은 달러의 가치가 원화에 비해 상승한다는 의미이면서 동시에 원화의 가치가 달러에 비해 하락한다는 의미이기도 하다. 반대의 경우, 즉 원-달러 환율이 하락한다는 것이 어떤 의미인지는 어렵지 않게 생각할 수 있을 것이다.

환율이 $\frac{1,400원}{1달러}$에서 $\frac{1,410원}{1달러}$으로 상승하면
① 달러에 비해 원화의 가치가 떨어진 것이다.
② 원화에 비해 달러의 가치가 올라간 것이다.

그렇다면 환율은 왜 상승하거나 하락하는 등 변화하는 것일까? 예를 들어 달러화와 원화가 교환되는 외환시장을 생각해 보자. 환율은 달러의 가격이라는 것을 이미 눈치챘을 것이다. 즉, 원-달러 환율이 상승한다는 것은 달러의 가격이 비싸진다는 의미이고, 반대로 원-달러 환율이 하

락한다는 것은 달러의 가격이 저렴해진다는 의미이다. 그리고 외환시장은 바로 이 달러라는 상품이 거래되는 시장이라고 생각하면 된다. 따라서 환율이 변화하는 것은 달러라는 상품의 가격이 변화하는 현상으로 생각하면 이해하기 쉽다.

달러의 공급이나 달러에 대한 수요가 변화할 때 달러의 가격인 환율이 변화하게 된다.

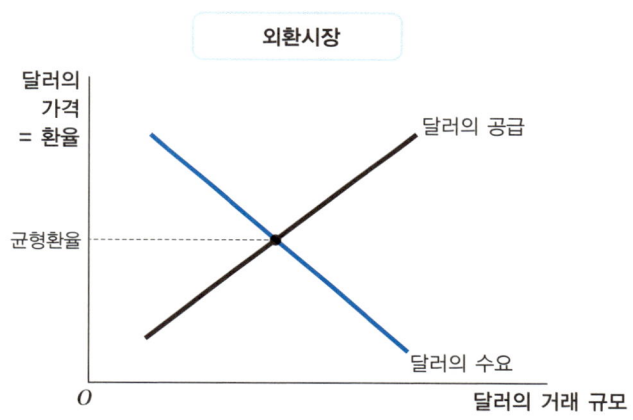

한국이 미국에 대해 이전에 비해 더 많은 상품들을 수출하여 더 많은 수출대금을 달러로 받게 되는 상황을 생각해 보자. 그러면 외환시장에서 달러의 공급이 늘어날 것이다. 왜냐하면 미국에 상품을 수출하여 수출대금을 달러로 받은 한국의 기업들이 이것을 원화로 바꿔서 필요한 곳에 사용할 가능성이 높기 때문이다. 즉, 외환시장에서 "내가 달러를 줄 테니 원화로 바꿔주시오"라는 거래를 제안하게 되고, 이는 외환시장에 더 많은 달러가 공급되는 결과로 연결된다. 달러의 공급이 늘어나면 달러의 가격이 하락하므로 원-달러 환율은 하락할 것이다.

반대로 한국이 미국으로부터 이전에 비해 더 많은 상품을 수입함에 따라 수입대금 결제를 위해 더 많은 달러가 필요하게 되는 상황을 생각해 보자. 그러면 외환시장에서 달러에 대한 수요가 늘어날 것이다. 왜냐하면 미국으로부터 상품을 수입하는 수입업자들은 미국에 달러로 수입대금을 지불해야 하므로 외환시장에서 "내가 원화를 줄 테니 달러로 바꿔주시오"라는 거래를 제안하게 되고, 이는 외환시장에서 달러에 대한 수요가 늘어나는 결과로 연결되기 때문이다. 달러에 대한 수요가 늘어나면 달러의 가격이 상승하므로 원-달러 환율은 상승할 것이다.

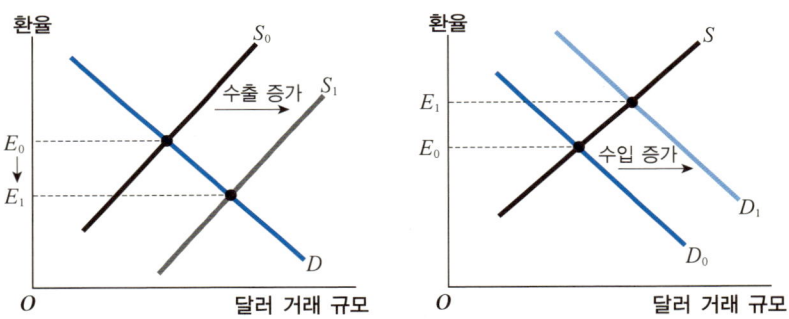

한국의 이자율과 미국의 이자율이 5%로 동일했는데, 이제 미국의 이자율이 6%로 높아지는 상황을 생각해 보자. 그러면 사람들은 한국에 돈을 빌려주는 것보다 미국에 돈을 빌려주는 것이 유리하다고 느낄 것이다. 또는 한국에서 5%의 이자율로 돈을 빌려서 이것을 미국에 6%의 이자율을 받고 빌려주면 이득을 누릴 수 있을 것이다. 이처럼 한국의 이자율에 비해 미국의 이자율이 더 높아지면 돈이 한국에서 미국으로 이동하는 현상이 발생할 수 있다. 그런데 자금이 미국으로 들어가려면 달러의 형태로 들어가야 하므로, 한국의 외환시장에서 "원화를 줄 테니 달러로 바꿔주시오"라고 하는 사람들이 늘어남에 따라 달러에 대한 수요가 증가하는 현상이 발생한다. 그리고 이것은 원-달러 환율의 상승으로 연결될 것이다.

반대로 한국의 이자율이 미국의 이자율에 비해 높으면 돈이 미국에서 한국으로 이동하는 현상이 발생하는데, 자금이 한국으로 들어오기 위해서는 원화의 형태로 들어와야 하므로, 한국의 외환시장에서 "달러를 줄 테니 원화로 바꿔주시오"라고 하는 사람들이 늘어남에 따라 달러의 공급이 증가하는 현상이 발생한다. 그리고 이것은 원-달러 환율의 하락으로 연결될 것이다.

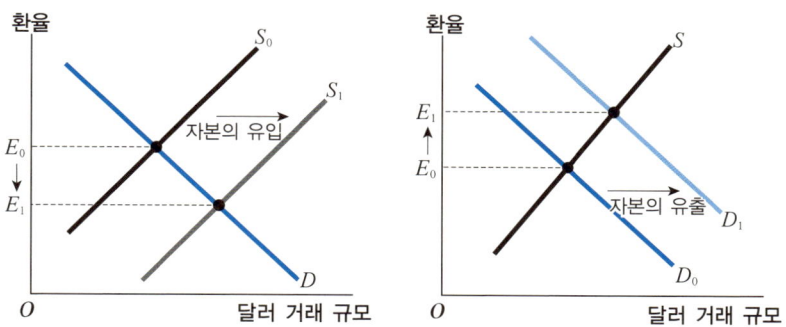

이제 우리는 환율이 무엇이고, 환율이 변화하는 이유가 무엇인지를 어렵지 않게 이해할 수 있다.

Quiz

Q. 환율 결정에 대한 다음 설명 중 타당하지 않은 것은?

① 장래 환율이 상승할 것으로 예상되면 현재 환율은 하락한다.

② 환율은 장기적으로 양국 화폐의 실질구매력을 반영한다.

③ 본국의 이자율이 내려가면 환율은 상승한다.

④ 본국의 인플레이션이 완화되면 환율은 하락한다.

[해설]
장래 환율이 상승할 것으로 예상되면 외환을 미리 사두려고 하기 때문에 외환수요가 증가한다. 외환수요가 증가하면 현재 환율은 상승한다.

[정답] ①

5. 경상수지는 왜 중요해?

환율 못지않게 자주 만나게 되는 표현이 바로 경상수지이다. 경상수지 current account balance 는 간단히 말해 수출액과 수입액의 차이이다. 예를 들어 한국이 미국에 10억 달러만큼의 상품을 수출하고 미국으로부터 7억 달러만큼의 상품을 수입한다면, 한국의 경상수지는 3억 달러만큼 흑자가 된다. 즉, 수출을 통해 벌어들이는 돈이 수입으로 인해 지출되는 돈에 비해 많으면 경상수지 흑자가 되고, 반대이면 경상수지 적자가 된다. 우리는 뉴스에서 경상수지에 관한 소식을 자주 만나게 되는데, 한 나라의 경제에서 경상수지가 매우 중요한 것이기 때문이다.

이제 경상수지가 왜 중요한지 이야기해 보자. 다시 위의 예로 돌아가서 한국이 미국에 10억 달러어치의 상품을 수출하면서 7억 달러어치의 상품을 수입하는 상황을 생각하자. 한국은 미국에 상품을 판매하여 10억 달러를 벌어들임과 동시에 미국의 상품을 구입하는 과정에서 7억 달러를 지출한 셈이다. 한국을 어떤 개인으로 생각하면 소득에 비해 지출이 적어서 소득 중 일부를 저축하는 상황과 비슷하다. 그런데 미국의 입장에서 생각해 보면 뜻밖의 통찰을 얻을 수 있다.

미국은 한국에 상품을 판매하여 7억 달러를 벌어들이는 상황인데, 한국의 상품을 구입하는 과정에서 10억 달러를 지출하는 상황이다. 미국은 상품을 팔아 벌어들인 소득이 7억 달러인데 어떻게 10억 달러를 지출할 수 있을까? 미국은 7억 달러를 들고 한국에 찾아가서 10억 달러어치의 상품을 구입하면서 일단 7억 달러를 주고 나머지 3억 달러는 나중에 주겠다고 외상 거래를 하는 셈이나 마찬가지이다. 즉, 미국은 한국에 갚아야 할 돈이 3억 달러만큼 생기는 것이고, 반대로 한국은 미국에 받을 돈이 3억 달러만큼 생기는 셈이다.

경상수지 흑자 → 수출해서 번 돈 > 수입으로 쓴 돈
　　　　　　　→ 소득 > 지출 → 다른 나라에 저축한 셈
　　　　　　　→ 다른 나라로부터 받을 돈이 생긴다.

경상수지 적자 → 수출해서 번 돈 < 수입으로 쓴 돈
　　　　　　　→ 소득 < 지출 → 다른 나라에서 빌려서 쓴 셈
　　　　　　　→ 다른 나라에 갚아야 할 돈이 생긴다.

이제 한 국가의 경상수지 흑자는 다른 국가에서 받을 돈이 생긴다는 의미이고, 반대로 한 국가의 경상수지 적자는 다른 국가에게 갚아야 할 돈이 생긴다는 의미라는 것을 알 수 있다. 따라서 한 국가가 경상수지 적자를 지속한다면 이것은 다른 국가에 대한 빚이 계속 쌓여나간다는 의미가 된다. 어떤 사람이 계속해서 남들에게 돈을 빌려다 쓰면서 빚이 점점 늘어나게 된다면, 결국 이 사람에게 돈을 빌려준 사람들은 더 이상 돈을 빌려주지 않으려 할 것이고, 돈을 갚으라고 요구할 것이다.

마찬가지로, 한 국가의 경상수지 적자가 지속되어 이 국가가 다른 국가에게 갚아야 할 빚이 너무 많아지게 되면, 이 국가에게 돈을 빌려

준 다른 국가들은 더 이상 돈을 빌려주려 하지 않을 것이며, 오히려 그동안 빌려 간 돈을 갚으라고 할 가능성이 높다. 이때 이 국가가 그 빚을 제대로 갚지 못하면 이 국가의 대외 신용도는 하락할 것이며, 다른 국가들은 더 이상 이 국가에 대해 투자를 하거나 돈을 빌려주기를 꺼려하는 상황이 발생할 수 있다. 극단적으로는, 이 국가에 들어와 있던 해외의 투자 자금들이 다시 본국으로 돌아가는 자금 이탈 현상이 발생하면서 외환시장에서는 환율이 급등(이 국가의 화폐가치가 급락)하는 지경에 이를 수 있다. 경제학에서는 이러한 현상을 외환위기currency crisis라고 한다. 한국이 1997년에 경험했던 외환위기가 대표적인 사례이다.

이렇게 한 국가의 경상수지 적자 누적이 경제에 상당한 문제를 가져올 수 있는 것과 반대로 경상수지 흑자의 누적은 이득을 가져온다고 할 수 있을까? 반드시 그런 것만은 아니다. 한 국가가 계속해서 경상수지 흑자를 실현한다면 이 국가는 계속해서 외환을 획득하게 될 것이다. 예를 들어 생각해 보자. 한국의 미국에 대한 경상수지 흑자는 수출과 수입 과정에서 지불되는 달러에 비해 획득하는 달러가 더 많다는 의미이다. 그러면 한국에는 시간이 흐를수록 더 많은 달러가 축적될 것인데, 이 중에서 상당 부분이 원화로 환전되어 한국에서 사용될 것이다. 그리고 이는 시중에 유통되는 화폐의 양, 즉 통화량의 증가로 연결될 것이다. 그리고 통화량이 증가하면 물가가 상승하는 인플레이션이 발생한다. 즉, 일국의 경상수지 흑자 누적은 그 국가의 인플레이션으로 연결될 가능성이 높다. 이것이 바로 경상수지 흑자 누적에 따른 비용이다.

정리하면, 경상수지 적자와 경상수지 흑자 모두 경제에 비용을 유발하게 되므로, 어느 한쪽이 더 바람직한 현상이라고 단정을 지을 수 없다.

출처 : 한국은행 「국제수지동향」

6. 그리스는 재정위기를 왜 겪은 거야?

재정위기sovereign risk는 한 국가의 정부가 빚을 제때 갚지 못하는 상황을 말한다. 특히 정부가 외국에게 지고 있는 빚을 갚지 못하게 될 경우 심각한 결과를 낳을 수 있다. 한 국가의 정부가 자신의 빚을 갚지 못하게 되는 상황은 왜 발생하는 걸까? 그리스의 사례를 통해 살펴보자.

그리스의 재정위기는 유럽의 공동통화인 유로Euro의 사용과 밀접한 관련이 있다. 독일을 비롯한 총 11개의 국가들은 1999년 1월 유로화라는 단일의 화폐를 사용하는 경제통화동맹Economic and Monetary Union ; EMU을 출범시켰고, 그리스는 2001년 1월에 EMU에 가입하였다. 그 전까지 그리스는 자국의 고유 화폐인 드라크마drachma를 사용하고 있었는데, 유로화를 채택하면서 이후 재정위기와 연결되는 여러 제약을 안게 되었다.

먼저, 그리스는 유로화를 사용하게 되면서 중앙은행의 독자적인 통화정책 시행이 어렵게 되었다. 즉, 그리스의 중앙은행은 자국의 화폐인 드라크마의 발행량을 늘리거나 줄이는, 또는 자국의 금리를 인하하거나 인상하는 독자적인 통화정책을 시행하는 것이 불가능해졌다. 유로화의 독점적 발행권한을 유럽중앙은행European Central Bank ; ECB이 갖게 됨에 따라, ECB가 유로화를 사용하는 국가들 전체를 대상으로 공동의 통화정책을 시행하게 되었기 때문이다. 예를 들어, 그리스 경제가 불황에 빠지는 경우 기존 같으면 그리스의 중앙은행이 금리를 인하하는 확장적 통화정책을 독자적으로 시행하여 자국의 경기를 부양할 수 있겠지만, 유로화라는 공동의 통화를 사용하게 되면서부터는 이 같은 독자적인 통화정책의 시행이 불가능해졌다.

여기에 더하여, 그리스는 더 이상 드라크마를 사용하는 국가가 아니었기 때문에 드라크마와 유로, 또는 드라크마와 달러 사이의 환율을 조정함으로써 경제상황을 조정하는 것도 불가능해졌다. 예를 들어, 그리스 경제가 침체에 빠지는 경우 드라크마의 가치가 떨어지도록 하여 환율을 높이고, 이것이 그리스의 수출 증가로 연결되면 경제가 회복되는 효과를 얻을 수 있다. 그러나 그리스가 단일통화인 유로화를 사용하는 상황에서는 그리스의 경제상황을 호전하기 위해 인위적으로 유로화의 가치를 떨어뜨리는 것이 불가능해졌다.

이상의 내용을 정리하면 다음과 같다. 그리스는 EMU에 가입하여 공동통화인 유로화를 사용하게 되면서, 독자적인 통화정책과 독자적인 환율정책을 사용하여 자국의 경제상황에 대응하는 것이 어려워졌다. 그리고 이는 재정정책에 대한 의존을 더욱 심화시키는 결과를 가져왔다. 즉, 그리스는 경기침체로부터 벗어나는 방법으로 정부지출을 증가시키거나 조세 징수를 줄이는, 이른바 확장적 재정정책에 더욱 의존할 수밖에 없는 상황이 되었다.

그리스는 각종 공산품을 생산하여 수출하는 공업국이라기보다는, 세계 각국으로부터 많은 관광객들이 찾아오는 관광 중심 국가이다. 즉, 전 세계 많은 사람들이 그리스를 방문해 관광 명소나 각종 유적지를 둘러보면서 지출을 하면 이것이 그리스의 소득이 되는 그런 성격이 강한 국가이다.

2008년경 미국에서 시작된 금융위기는 미국만의 위기가 아니라 전 세계 경제위기로 전파되는 결과를 가져왔다. 미국의 금융시장에서 시작된 문제가 전 세계 금융시장에 전파되었고, 금융시장의 문제는 경제 전반의 침체로 연결되었다. 금융시장은 자금의 여력이 있는 경제주체로부터 자금을 조달하여 자금을 필요로 하는 경제주체에게 배분하는 역할을 담당한다. 그런데 금융시장 및 금융기관이 이러한 역할을 정상적으로 수행하지 못하게 됨에 따라, 자금을 필요로 하는 경제주체에게 자금이 원활하게 공급되지 못하는 현상이 심화되었고, 자금이 부족해진 경제주체들이 소비와 투자를 줄이는 결과를 가져왔다. 이것은 총수요의 감소이다.

각국 경제의 총수요가 급격히 감소함에 따라 경제는 전반적으로 침체에 빠지기 시작했다. 기업은 이윤이 줄어들었고, 사람들은 소득이 줄어들었다. 경기침체기에 소득이 감소하면 사람들은 꼭 필요한 지출 이외에는 지출을 줄이게 되는데, 대표적인 것이 바로 여행이다. 여행은 필수재라기보다는 사치재에 가깝기 때문에 소득이 줄어들면 가장 먼저 줄이는 지출 중 하나이다.

그리스는 유로화를 사용하는 다른 국가들보다 특히 더 큰 영향을 받았다. 관광지나 유적지에 찾아오는 사람들의 수가 급격히 감소하면서 관광산업에 크게 의존하던 그리스 경제는 더욱 위축될 수밖에 없었다. 이때 만약 그리스가 여전히 자국의 고유 화폐인 드라크마를 사용하는 상황이었다면, 드라크마를 더 찍어내고 금리를 낮추는 확장적 통화정책을 시행할 수 있었을 것이다. 뿐만 아니라, 드라크마의 가치가 하락하여 그리스의 환율이 상승하고 수출이 늘어나는 효과도 누릴 수 있었을 것이다.

그러나 그리스는 유로화라는 공동의 통화를 사용하는 상황이었기 때문에 이러한 효과를 누리기 어려웠고, 정부가 지출을 늘리는 확장적 재정정책에 의존할 수밖에 없었다. 그 과정에서 그리스는 재정적자가 눈덩이처럼 늘어났고, 2008년에 이미 118%에 이르던 정부부채 비율이 2011년에는 165%까지 증가하는 결과가 발생했다.

정부의 빚이 늘어나더라도 경제가 회복되어 기업의 이윤이 증가하고 사람들의 소득이 증가하면 정부는 더 많은 세금을 거둘 수 있다. 그리고 더 거둔 세금으로 정부는 빚을 갚을 수 있다. 그런데 그 당시 그리스는 경기회복이 매우 더딘 상황이어서 거두어들이는 세금으로는 빚을 갚기에 부족한 상황이었고, 이것이 그리스의 재정위기로 연결된 것이다. 이처럼, 그리스가 겪은 재정위기는 어떤 특정 요인이 만들어낸 결과물이 아니라 여러 요인들이 복합적으로 작용하여 생겨난 현상이었다.

7.　　　　　　　　　　　　　　　　　　　글로벌 가치사슬이 뭐야?

　하나의 완제품이 생산되기까지는 여러 단계의 생산 공정을 거치게 된다. 예를 들어 세계 각국의 많은 사람들이 사용하는 아이폰을 생각해 보자. 아이폰의 디자인과 소프트웨어 개발, 그리고 마케팅 및 브랜드 전략 수립은 애플의 본사가 있는 미국에서 이루어지고 있다. 반면, 아이폰 생산에 투입되는 각종 부품들은 주로 중국과 한국에서 생산되고 있으며, 최종적인 조립 역시 주로 중국에서 이루어지고 있다.

　이처럼 하나의 완제품이 생산되기까지의 여러 공정들이 하나의 국가 안에서 이루어지는 것이 아니라 여러 국가들에 분산되는 현상을 글로벌 가치사슬 Global Value Chain ; GVC 이라고 표현한다.

　그렇다면 글로벌 가치사슬은 왜 형성되는 것일까? 어렵게 생각할 필요가 없다. 완제품의 생산을 위한 공정을 한 국가 안에서 모두 담당하는 것에 비해 생산비용을 아낄 수 있다는 것이 가장 기본적인 이유이다. 어떤 기업이 자신의 완제품을 생산하기까지의 여러 단계의 공정들 중 일부를 다른 기업에게 맡기는 것을 위탁생산 또는 아웃소싱 outsourcing 이라고 하는데, 그 다른 기업이 다른 국가의 기업일 때 이러한 아웃소싱을 해외 아웃소싱 foreign outsourcing 이라고 한다. 글로벌 가치사슬은 해외 아웃소싱과 거의 동일한 개념이라고 보면 된다.

　예를 들어, 애플이 아이폰을 생산하는 데 필요한 각종 부품들을 미국

내에서 모두 생산하는 상황을 생각해 보자. 이제 그 부품들을 조립하는 공정이 남았는데, 조립 공정은 별다른 고도의 기술력을 필요로 하지 않는다. 정해진 매뉴얼대로 실수 없이 조립하면 되므로, 조립 공정에서 발생하는 비용은 대부분 조립을 담당하는 사람들에게 지급되는 인건비가 될 것이다. 그런데 미국 노동자들의 인건비가 중국 노동자들의 인건비에 비해 매우 높은 편이라면, 애플은 조립 공정을 중국에 맡기고 싶을 것이다. 물론, 각종 부품들을 중국으로 운송하고, 중국에서 조립된 완제품을 다시 세계 각국에 수출하는 데 비용이 발생하겠지만, 이러한 비용들을 고려하더라도 미국의 인건비에 비해 중국의 인건비가 훨씬 저렴하다면 애플은 아이폰의 조립 공정을 중국에 맡기고 싶을 것이다.

글로벌 가치사슬이 형성되는 또 하나의 이유는 바로 기술력이다. 아이폰의 생산을 위해서는 각종 반도체와 배터리가 필요하다. 애플이 아이폰을 위해 필요로 하는 반도체와 배터리를 생산할 수 있는 기술력을 가진 국가는 생각보다 많지 않다. 만약 많은 국가들이 그러한 기술력을 가지고 있다면, 비슷한 기술력을 가진 국가들 중에서 가장 낮은 비용으로 생산할 수 있는 국가에게 그것의 생산을 맡기겠지만, 몇몇 국가들만이 그러한 기술력을 가지고 있기 때문에 애플은 그런 국가들 중에서 위탁생산을 맡길 국가를 선택하게 된다.

지금까지는 글로벌 가치사슬이 무엇이고, 왜 생겨나는지 간단하게 살펴보았다. 그렇다면 글로벌 가치사슬이 요즘 왜 중요하게 여겨질까?

다시 아이폰의 생산 과정으로 돌아가 보자. 개발 및 마케팅 전략 수립 등의 과정은 미국이 담당하고, 각종 첨단부품들의 생산은 한국이 담당하며, 단순 부품의 생산 및 최종적인 조립은 중국이 담당하는 구조가 목격된다. 이 과정에서 미국과 한국, 그리고 중국은 얼마나 많은 돈을 벌어들이는지가 궁금하다.

경제학에서 자주 등장하는 개념으로 부가가치_{value-added}라는 것이 있다. 부가가치는 무언가를 만들어서 판매할 때 판매액에서 중간재 투입 비용을 뺀 나머지를 의미한다. 예를 들어 한국이 어떤 반도체를 생산해서 애플에 납품하는 상황을 생각해 보자. 반도체 하나당 100달러씩 받고 납품하고 있는데, 반도체 하나를 생산하기 위해 투입되는 중간재 비용이 60달러라면, 이 반도체를 한 개 생산할 때마다 40달러(100달러 - 60달러)의 부가가치가 창출된다고 표현한다. 그리고 이 40달러가 바로 그 반도체 생산 과정에 참여한 사람들이 나누어 가질 수 있는 소득이 된다. 따라서 무언가를 생산하는 과정에서 얼마나 많은 부가가치가 창출되는지가 곧 얼마나 많은 돈을 벌 수 있는지를 의미한다. 이것이 바로 우리가 고부가가치 산업_{high value-added industry}을 지향하게 되는 이유이기도 하다.

글로벌 가치사슬 속에서 각국이 담당하는 공정이 얼마나 많은 부가가치를 창출하는 공정인지에 따라 그 국가가 얼마나 많은 몫을 누리게 되는지가 결정된다. 아이폰과 관련된 글로벌 가치사슬이 보여주는 흥미로운 그림이 있다. 우리는 이것을 스마일 커브_{smile-curve}라고 한다. 다음의 그림은 아이폰과 관련된 스마일 커브를 보여준다.[1]

---

1 KDI, 『나라경제』 2019년 10월호.

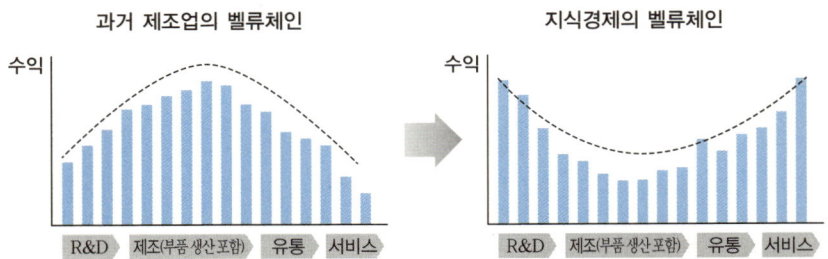

오른쪽 그림을 스마일 커브라고 한다. 그림에서 보이듯이 글로벌 가치사슬 가운데 미국이 많은 수익을 획득하는 반면, 한국과 중국이 누리는 수익은 상대적으로 적다. 미국은 글로벌 가치사슬 덕분에 많은 돈을 벌어들이고, 그래서 웃고 있다는 의미로 스마일 커브라는 이름이 붙여진 것일 수도 있다. 고부가가치 공정을 담당하기 위한 기술 개발이 중요한 이유도 여기에 있다.

각국은 글로벌 가치사슬이 점점 넓어지고 더욱 복잡해지는 상황에서 더욱 많은 이득을 획득하기 위한 치열한 경쟁과 고민을 하고 있다. 우리나라도 예외는 아니다.

[지은이에 대하여]

서울대학교 경제학부를 졸업하고, 20년이 넘는 시간을 경제학 강사로서의 시간으로 이어가고 있다. 대학 재학 중에 행정고시와 입법고시를 좋은 성적으로 합격하였으나, 공직자로서의 삶이 아닌 학생들에게 경제학을 가르치는 삶을 선택하였다.

수많은 서기관과 사무관 및 외교관들이 저자의 수업을 수강하였다. 이들이 수험생 시절에 열심히 보았던 『다이제스트 경제학』, 『트리니티 경제학』, 『경제학 연습책』 등이 대표적인 저서이다.

최소한의 경제학

초판 1쇄 발행 | 2025년 10월 17일

지은이 | 황종휴
펴낸이 | 박정헌
펴낸곳 | **율곡출판사**

등록 | 1989. 11. 10. 제2014-000031호
주소 | 08590 서울시 금천구 가산디지털1로 84(에이스하이엔드 8차), 803호
전자우편 | yulgokbook@naver.com
홈페이지 | http://www.yulgokbooks.co.kr
전화 | (代) 02) 718-9872/3
팩스 | 02) 718-9874
ISBN 979-11-94359-33-3 03320

정가 20,000원

※ 지은이와의 협의 하에 인지는 생략합니다.
※ 파본 및 잘못된 책은 구입하신 서점에서 바꾸어 드립니다.
※ 저작권법에 의해 한국 내에서 보호를 받는 저작물이므로 무단 전제와 복제를 금합니다.